타샤가 사랑한 요리

THE TASHA TUDOR FAMILY COOKBOOK:
Heirloom Recipes and Warm Memories from Corgi Cottage
Copyright © 2016 by Winslow Tudor
Korean translation copyright © 2019 by Simple Life
All rights reserved.
This Korean edition published by arrangement with Skyhorse Publishing, Inc.
c/o Biagi Literary Management, New York, through Shinwon Agency, Seoul

이 책의 한국어판 저작권은 신원에이전시를 통해 저작권자와 독점 계약한 심플라이프에 있습니다.
저작권법에 의해 한국 내에서 보호를 받는 저작물이므로 무단전재 및 무단복제를 금합니다.

300년간 대대로 이어져온 타샤 튜더 가문의 비밀 레시피

타샤가 사랑한 요리

윈즐로 튜더 지음 | 서지희 옮김

심플라이프

※ 일러두기

- 단위변환표
  요리 재료를 계량할 때 아래 표를 참고하세요.

1컵	240ml
향신료 1작은술	5ml

- 본문에 나오는 * 표시는 모두 옮긴이 주입니다.

◆ 차례 ◆

타샤의 요리를 추억하며 _ 06

빵과 머핀 _ 11

아침 식사 _ 33

점심과 저녁 _ 51

과일과 샐러드 _ 101

곁들임 요리 _ 113

디저트 _ 123

음료 _ 159

찾아보기 _ 174

타샤의 요리를 추억하며

타샤는 다방면에 식을 줄 모르는 열정을 가진 사람이었다. 요리는 그중에서도 단연 손에 꼽는 관심사였다. 타샤는 요리 재료를 부엌에 있는 것으로만 국한하지 않았다. 정원에서 자란 채소와 허브, 키우는 닭이 낳은 달걀, 직접 짠 소젖과 염소젖 등을 사용했다. 타샤가 만든 음식에는 땅의 생명력이 고스란히 드러났다. 타샤는 식재료를 키워낸 땅과 그 땅에서 자란 식물에 언제나 깊은 관심을 가졌고 그들을 친구처럼 대했다. 타샤가 만들던 음식의 레시피를 지키고 이어가는 일은 타샤의 정원, 집, 자급자족하는 데 사용한 많은 도구와 물건을 보존하는 '큰 그림'의 일부다. 타샤의 전통은 지금도 살아 있으며 중요한 가치를 지닌다. 그 전통은 여전히 그녀가 일군 땅이 살아가는 방식이 되고 있다. 타샤의 집과 정원은 아들 세스와 며느리 마저리, 손자 윈즐로와 손자며느리 에이미 그리고 증손주인 엘리와 케이티가 소중히 지켜가고 있다.

타샤는 훌륭한 요리사이자 제빵사였다. 식사는 하루 세 번이었다. 아침, 점심 dinner 그리고 저녁. 요즘에는 '디너'라고 하면 잘 차린 저녁 식사를 의미하지만 예전에는 디너가 점심 식사였고, 사람들이 들고 다니는 도시락은 '디너 페일 dinner pail'이라고 했다.

타샤는 몇 가지 특별하게 여기는 요리 도구를 갖고 있었다. 그중 하나는 타샤가 항상 바닐라 익스트랙을 듬뿍 채워두던 유리병이다. 이 유리병은 타샤에게 매우 중요한 의미를 가진 것이었다. 회전식 손잡이가 달린 커다란 체와 손잡이를 앞뒤로 흔들어 사용하는 작은 체도 있었다. 옥수수 빵을 만들 때 쓰는 무쇠 팬 역시 우리 가족의 수많은 식사를 책임졌다.

1960년대까지 타샤는 알루미늄으로 된 냄비, 체, 계량컵과 무쇠 프라이팬을 사용했다. 이후에는 구리로 된 주전자, 냄비, 팬과 유리 계량컵을 사용했으나 무쇠 팬은 꾸준히 썼다. 타샤는 늘 조그만 3분 모래시계, 나무 숟가락, 오래된 검은색 프렌치 나이프, 노란색 도자기 볼, 콩 담는 항아리, 밀대, 거품기, 회전식 달걀 거품기, 도마, 열 반사 오븐, 너트메그 그레이터를 사용했다. 또한 사과심을 제거하는 코러, 커스터드를 딱 1인분씩 담을 수 있는 자그마한 유리그릇과 도자기를 여러 개 가지고 있었다. 타샤는 고기 그라인더를 햄, 닭이나 칠면조의 자투리 고기를 갈아 크로켓을 만들 때 자주 사용했으나 당근 샐러드를 만드는 데 더 자주 썼다. 케이크 스탠드는 쓴 적이 없었는데, 항상 큰 원형 접시에다 케이크를 담아냈기 때문이다. 또한 타샤는 식힘망, 쿠키 시트, 밑판이 분리되는 케이크팬 등도 갖고 있었다. 생일 초는 집 안 곳곳에 놓인 상자들 안에 들어 있었다. 특별할 것 없는 물건들이지만 타샤는 거의 모든 부엌 용품을 평생 사용했다. 예컨대 1920년대에 타샤는 그녀의 아버지와 함께 버려진 집을 살펴보다 감자 매셔를 하나 발견했는데 그 후 80년 동안이나 그것을 사용했다.

타샤는 늘 소를 두세 마리 정도 키웠다(나중에는 소 대신 염소를 키웠다). 그 덕분에 직접 짠 우유와 유지방 함량이 높은 헤비크림, 버터가 항상 풍족했다. 타샤는 줄곧 닭을 키웠으며 넘쳐나는 달걀을 소비하기 위해 종종 오믈렛을 만들어 먹곤 했다. 매일 아침 타샤는 직접 짠 오렌지 주스와 달걀, 소시지 또는 오트밀, 크림 오브 휘트나 몰텍스 같은 시리얼을 차렸다. 콘플레이크, 슈레디드 휘트, 퍼프드 오트, 올 브랜*같이 차게 먹는 시리얼도 자주 내왔다. 종종 팬케이크를 만들어 메이플 시럽과 수북이 쌓인 베이컨을 함께 차려 내기도 했다. 재미있게도 소시지나 베이컨 대신 구운 스팸이 아침상에 오르는 날도 있었다. 때로는 전날 미리 만들어 굳혀둔 크림 오브 휘트를 길쭉하게 잘라 노릇하게 구운 뒤 메이플 시럽을 곁들이기도 했다.

소고기, 돼지고기, 양고기, 햄, 닭고기 그리고 가끔 생선도 식탁에 올랐다. 소고기는 대개 로스트 비프나 스테이크 또는 햄버거로 만들어 먹었다. 아주 가끔이긴 했지만 양고기에 민트소스를 곁들이거나 햄에 정향을 끼워 굽기도 했다. 닭고기는 스튜로 만들거나 통째로 구워서 먹었다. 집에서 기른 닭을 사용할 때가 있는가 하면 값을 치르고 구매할 때도 있었다. 직접 만든 베이크드 빈스와 통밀빵을 곁들여 먹는 비프스튜는 언제나 맛있었다. 무쇠 팬으로 구워낸 옥수수 빵은 맛이 아주 진했는데, 타샤는 여기에 버터와 잼을 발라 먹곤 했다. 만들고 시간이 좀 지나 맛이 없어진 옥수수 빵은 반으로 잘라 팬에 부쳤다. 타샤의 집에서는 독한 술, 맥주나 와인 등은 찾아볼 수 없었다.

여름이 되면 정원에서 양상추, 토마토, 옥수수, 브로콜리, 시금치, 근대, 방울양배추(인기는 별로 없었지만), 양배추, 콜리플라워, 비트, 케일, 당근, 완두를 비롯한 각종 콩들과 호박, 감자, 양파 같은 채소가 자라났다. 수확한 채소는 상자형 냉동고에 보관해두고 때마다 꺼내 먹었다. 타샤는 겨울쯤 채소가 다 떨어지면 식료품점에서 구입해 썼다.

디저트와 달달한 음식도 항상 풍족했다. 타샤는 사과 파이, 오트밀 쿠키, 접시에 담아낸 구운 커스터드, 퍼지, 푸딩, 크림을 얹어 차갑게 먹는 초콜릿 푸딩, 초콜릿 칩 쿠키, 브라우니, 설탕 쿠키, 건포도가 들어간 라이스 푸딩 등을 즐겨 만들었다. 2단 케이크, 수제 초콜릿소스를 곁들인 아이스크림, 갈색설탕과 건포도로 속을 채워 구워낸 사과도 맛있었다. 사과 안에 든 갈색설탕이 녹으면 시럽처럼 끈적하게 흐르는데, 이걸 퍼서 사과에 끼얹어 먹곤 했다.

---

* 크림 오브 휘트 Cream of Wheat, 몰텍스 Maltex, 슈레디드 휘트 shredded wheat, 퍼프드 오트 puffed oats, 올 브랜 All Bran 등은 모두 인스턴트 시리얼 브랜드이다.

타샤는 크래커와 베이킹파우더 비스킷을 직접 만들었지만 소다 크래커, 그레이엄 크래커, 피그 뉴턴스, 오레오, 리츠 크래커, 페퍼민츠, 주니어 민츠, 밀키웨이 바* 등을 사서 먹기도 했다. 얇은 초콜릿 쿠키 사이에 크림이 발린 냉동 쿠키를 사서 부드러워질 때까지 냉장고에 두었다가 그 위에 초콜릿 시럽을 뿌려주기도 했다. 타샤는 펀치, 차, 사과즙, 루트비어 같은 음료도 직접 만들었다.

타샤는 여행을 자주 다녔다. 가까운 곳으로는 보스턴, 뉴헤이븐, 피츠필드, 뉴욕, 코네티컷 등지를 다녔으며 보스턴에 있는 하워드 존슨 Howard Johnson 호텔이나 디저트 가게인 슈라프츠 Schrafft's에 들러 음식을 먹곤 했다. 우리 가족에게 여행이란 '샌드위치를 싸서 떠나는 소풍'이라는 뜻이기도 했다. 타샤가 만드는 샌드위치에는 여러 종류가 있었다. 얇게 자른 빵 사이에 삶은 달걀과 마요네즈(타샤는 항상 헬먼 Hellmann사 제품을 사용했다)를 넣은 샌드위치, 다진 베이컨을 채운 샌드위치, 마시멜로와 땅콩버터를 바른 샌드위치 혹은 다진 피클과 마요네즈를 넣은 샌드위치, 잼 샌드위치, 얇게 자른 소고기나 닭고기를 끼운 샌드위치 등이었다. 부엌과 정원에서 많은 시간을 보냈던 타샤는 이렇게 말하곤 했다. "난 요리하는 게 좋아. 설거지도 싫지 않고."

타샤를 개인적으로 아는 사람들 그리고 타샤의 매력적이고 섬세한 그림과 이야기를 사랑하는 사람들이 꾸준히 관심을 가져준 덕분에 타샤의 유산이 오늘날까지 고스란히 이어져올 수 있었다. 타샤는 언제나 팬들에게 고마워했고 자신의 작품을 좋아해주는 것을 진심으로 감사히 여겼다.

---

* 소다 크래커 soda crackers, 그레이엄 크래커 graham crackers, 피그 뉴턴스 Fig Newtons, 오레오 Oreo, 리츠 크래커 Ritz Crackers, 페퍼민츠 peppermints, 주니어 민츠 Junior Mints, 밀키웨이 바 Milky Way bar 등은 모두 시판 스낵 브랜드이다.

I

Breads and Muffins

빵과 머핀

Baking Powder Biscuits
베이킹파우더 비스킷

베이킹파우더 비스킷은 잼이나 버터와 잘 어울려서 아침상에 자주 오른다. 반으로 갈라 치즈를 한 장 넣고 구우면 점심 식사로도 안성맞춤이다. 딸기 쇼트케이크를 만들 때도 유용하다. 반죽을 커터로 찍어내거나 덩어리지게 뭉친 후 베이킹 시트에 놓고 구우면 꽤나 두툼하게 부풀어 오르기 때문이다. 타샤는 두 가지 방법을 다 썼는데 맛은 똑같았다. 반죽을 밀 때는 대리석 상판이 달린 작고 노란 단독 조리대를 사용했다.

반죽 양이 많을수록 비스킷이 더 단단해진다. 타샤 말에 따르면 보통 뉴잉글랜드에서는 베이킹파우더 비스킷에 달걀을 넣지만 미국 남부에서는 넣지 않는다고 한다.

How to make

[5cm 크기 비스킷 18개분]

중력분 250g, 베이킹파우더 10g, 우유 1/2-3/4컵, 버터 85g, 달걀 1개, 소금 3g

1. 오븐을 230°C로 예열한다.
2. 작은 볼에 달걀과 우유를 넣고 휘저어 섞는다.
3. 큰 볼에 밀가루, 베이킹파우더, 소금을 넣는다.
4. 버터를 잘게 잘라 3의 혼합물에 넣고 손으로 살짝 섞는다.
5. 섞어둔 우유와 달걀을 4의 혼합물에 붓는다. 재료들이 대충 섞일 정도로만 포크로 살짝 휘젓는다.
6. 반죽을 조리대에 놓고 손으로 누른 다음 1.5cm 남짓한 두께로 민다.
7. 잘 드는 비스킷 커터로 반죽을 찍는다.
8. 8-12분간 또는 윗면에 갈색빛이 돌 때까지 굽는다.

Breads and Muffins
Banana Bread
바나나 빵

타샤는 바나나 빵을 식사가 아니라 여행이나 소풍 갈 때 싸가는 간식으로 생각했다. 뉴잉글랜드에 살 때 우리 가족은 봄이면 버몬트, 뉴햄프셔, 매사추세츠, 코네티컷 그리고 때로는 뉴욕에 있는 묘목장에 가느라 온종일 밖을 돌아다니곤 했다. 여행 전날엔 오가는 길에 먹을 맛있는 점심거리와 간식을 한가득 챙겼다. 가장 먼 묘목장이라도 보통 정오 전에는 도착해 그늘에 차를 대고, 전시용 정원의 조용한 구석 자리에 돗자리를 폈다. 타샤는 따뜻한 차를 담은 보온병과 고리버들로 만든 피크닉 바구니를 챙겨왔다. 바구니 안에는 컵 여섯 개, 접시 여섯 개, 바나나 빵, 데빌드 에그, 브라우니, 과일, 크래커에 잼이나 버터를 바를 때 쓰는 진주 장식 칼 여섯 개가 들어 있었다.

이렇게 여행을 다니지 않게 된 지도 벌써 수년이 지났다. 그 사이 타샤가 자주 다니던 묘목장들이 많이 없어졌다. 그래도 일부는 남아 있으며, 우리에게 그늘을 제공하던 나무들도 여전히 같은 자리에서 잘 자라고 있다. 타샤는 여행길에 우리에게 항상 멋진 이야기를 들려주었다. 또한 묘목장들, 여행길의 동행자들, 식물들에 끝없는 열정을 보이며 기운차게 집으로 돌아오곤 했다.

How to make

[8인분]

잘 익은 바나나 2개, 중력분 185g, 베이킹파우더 1.5g, 베이킹소다 1.5g, 버터 85g, 달걀 2개, 설탕 100g, 소금 3g

1. 오븐을 180°C로 예열한다.
2. 큰 볼에 버터를 녹여 넣는다.
3. 여기에 설탕, 달걀, 기타 재료를 모두 넣고 잘 섞는다.
4. 기름을 바른 팬에 반죽을 넣고 45-50분간 또는 가운데를 포크로 찍었을 때 반죽이 묻어나지 않을 정도까지 굽는다.

Blueberry Muffins
Breads and Muffins

블루베리 머핀

타샤의 정원 둘레를 따라 무성하게 자란 블루베리 덤불은 새들이 무척이나 좋아하는 곳이다. 덤불을 널리 퍼뜨려 심어둔 덕에 파랑어치와 울새들이 구석진 곳에 달린 블루베리 열매를 못 보고 지나치기도 한다. 타샤는 온진한 블루베리들을 따서 머핀과 파이에 넣거나 냉장고에 보관했다. 타샤의 정원 밖에 있는 들판과 풀밭에도 저관목성 블루베리가 많이 자랐다. 타샤는 그걸 무척 귀하게 여겼으며 잼과 머핀을 만드는 데 사용하곤 했다.

How to make

[18개분]

중력분 250g, 블루베리 1컵, 베이킹파우더 8g, 바닐라 익스트랙 4g, 쇼트닝 또는 버터 115g, 달걀 2개, 우유 3/4컵, 설탕 150g, 소금 3g

1. 오븐을 200°C로 예열한다.
2. 밀가루, 소금, 베이킹파우더, 설탕을 섞는다.
3. 여기에 쇼트닝이나 버터, 달걀, 우유와 바닐라 익스트랙을 넣고 대충 섞는다.
4. 반죽에 블루베리를 넣고 살살 뒤섞는다.
5. 기름을 칠한 머핀팬에 반죽을 1큰술이 좀 안 되게 떠 넣는다.
6. 기호에 따라 반죽 위에 설탕이나 시나몬가루 등을 뿌린다.
7. 20분간 또는 갈색빛이 살짝 돌고 포크에 반죽이 묻어나지 않을 때까지 굽는다.

Breads and Muffins
Bran Muffins
브랜* 머핀

타샤가 1980년대 이전에 만든 브랜 머핀 레시피와 이후의 레시피가 조금 다른데, 둘 다 맛은 똑같이 훌륭했다. 이 레시피는 1980년대 이전 방식으로 타샤가 65세가 될 때까지 아침 식사로 즐겨 만들던 것이다. 브랜 머핀은 잘 상하지 않고 보관이 쉬우며 영양가와 포만감이 높다. 야외에서 간편히 나누어 먹기에도 안성맞춤이다. 손님들도 이 음식을 항상 좋아했다.

타샤는 남은 반죽을 일주일까지 냉장해두었다가 그때그때 필요한 양만큼 떼어 머핀을 만들었다. 저녁에 닭장에서 달걀을 모아 오면 반죽 그릇을 덮은 접시 위에 올려뒀다가 다음 날 아침 제자리에 넣곤 했다.

How to make

[자그마한 머핀 24개분]

중력분 250g, 부순 브랜 플레이크** 2컵, 건포도 60g, 버터밀크*** 2컵, 당밀 1/4컵, 베이킹소다 4g, 부드러운 버터 55g, 달걀 2개, 설탕 50g, 소금 3g

1. 오븐을 200℃로 예열한다.
2. 큰 믹싱볼에 부순 브랜 플레이크, 밀가루, 설탕, 베이킹소다, 소금을 넣는다.
3. 여기에 버터, 버터밀크, 달걀, 당밀과 건포도를 넣고 섞는다.
4. 기름을 칠한 머핀팬에 반죽을 적당히 채워 20-25분간 굽는다.

* 밀기울(밀을 찧어 벗겨낸 껍질)
** 밀기울로 만든 시리얼
*** 버터를 제조하는 과정에서 나오는 걸쭉한 산성 우유

Breads and Muffins
Cinnamon Raisin Bread
시나몬 건포도 빵

"꿈을 향해 당당히 나아가고 자신이 바라는 삶을 살기 위해 열심히 노력하면 기대하지 못했던 성공을 만날 수 있다." 헨리 데이비드 소로가 남긴 말로, 타샤가 좋아한 격언 중 하나다. 타샤는 소로가 시나몬 건포도 빵을 처음 만들었다는 이야기 역시 무척 좋아했다. 그가 태어나기도 전에 쓰인 요리책에서 시나몬 건포도 빵 레시피를 보고 그 말이 사실이 아님을 알았는데도 말이다. 타샤는 이 빵을 자른 뒤 구워서 차에 곁들이거나 굽지 않고 버터를 발라 아침 식사로 먹곤 했다.

How to make

[20×10cm 빵 2개분]

중력분 750g, 활성 드라이이스트 2큰술, 40°C 내외의 미지근한 물 1/3컵, 40°C 내외의 미지근한 우유 2컵, 건포도 120g, 시나몬가루 6작은술, 시나몬 설탕* 50g, 달걀 2개, 부드러운 버터 85g, 빵틀과 빵에 바를 버터 1큰술, 설탕 16g, 소금 12g

1. 큰 볼에 이스트와 물을 넣고 섞은 뒤 몇 분간 그대로 둔다.
2. 여기에 우유, 버터, 설탕, 달걀, 소금, 밀가루를 넣은 후 10분 정도 치댄다.
3. 반죽이 2배로 부풀 때까지 둔다.
4. 냄비에 건포도를 넣고 물 3컵을 부어 끓인 후 체에 걸러 식힌다.
5. 반죽을 반으로 가른 뒤 각 반죽을 가로 20cm, 세로 60-75cm 크기로 밀어 겉면에 버터를 바른다.
6. 시나몬가루와 시나몬 설탕을 섞어 그중 절반을 반죽 위에 뿌린다. 건포도 절반도 같이 뿌린다.
7. 반죽을 세로 방향으로 말아 덩어리지게 만든다.
8. 반죽의 양쪽 가장자리와 마지막 이음매를 잘 봉한다.
9. 버터를 바른 빵틀에 이음매가 아래로 가도록 반죽을 놓는다.
10. 남은 반죽으로 같은 과정을 반복한다.
11. 반죽이 2배로 부풀 때까지 실온에 둔다. 24°C 정도 되는 곳에서 1시간쯤이면 적당하다.
12. 180°C로 예열한 오븐에서 45분간 혹은 빵 한가운데 온도가 77°C가 될 때까지 굽는다.

* 설탕에 시나몬가루를 섞은 것

Clover Rolls
클로버 롤

클로버 롤은 여러 요리에 곁들여 다양하게 즐길 수 있는 빵으로, 공 모양의 작고 둥근 반죽 3덩이를 머핀 팬 1구에 넣어 클로버 모양으로 구워낸 것이다. 한 손에 쏙 들어오는 크기인 데다 구운 후에도 3덩이로 부드럽게 갈라져 붐비는 식탁에서 함께 나눠 먹기 좋다. 타샤는 보통 다른 빵을 만들고 남은 반죽으로 이 빵을 만들었다.

타샤는 이 빵의 이름을 좋아했다. 종종 클로버밭을 걸으며 네잎클로버를 찾기도 했는데, 네잎클로버를 발견하면 서재에 있는 책 사이에 끼워두곤 했다. 잔디밭보다 타샤의 서재에서 네잎클로버를 찾는 게 더 쉬울 정도였다. 한번은 타샤가 일곱잎클로버를 발견한 적이 있다. 타샤는 이 클로버를 작은 액자에 끼워 침실 동쪽 벽에 고이 걸어두었다.

How to make

[12개분]

중력분 375g, 이스트 1큰술, 40°C 내외의 미지근한 물 1/4컵, 40°C 내외의 미지근한 우유 1컵, 부드러운 버터 55g, 달걀 1개, 설탕 8.5g, 소금 6g

1. 큰 볼에 이스트와 따뜻한 물을 넣고 섞은 뒤 몇 분간 그대로 둔다.
2. 여기에 우유, 버터, 설탕, 달걀, 소금, 밀가루를 넣고 10분 정도 치댄다.
3. 2배로 부풀 때까지 둔다.
4. 반죽을 조리대에 몇 번 내려친 다음 12덩이로 나눈다.
5. 각 반죽을 다시 3갈래로 나누어 공 모양이 되도록 굴린다.
6. 반죽 겉면에 버터를 살짝 바른 뒤 머핀팬 1구에 공 모양 반죽을 3덩이씩 넣는다.
7. 24°C 정도의 실온에 약 30분간 두어 발효시킨 뒤 180°C로 예열한 오븐에서 12-15분간 굽는다.

Corn Bread
옥수수 빵

옥수수 빵 레시피는 수 세대에 걸쳐 내려오는 동안 조금도 달라지지 않았다. 이 레시피에서 핵심은 달걀 흰자를 반죽에 아주 조심스럽게 섞는 일인데, 그렇지 않을 경우 자칫 빵보다는 머핀에 가까운 결과물이 나올 수 있기 때문이다. 옥수수 빵은 주물로 된 머핀팬을 사용하면 이상적인 모양새로 구워낼 수 있다. 만들어서 바로 먹는 것이 가장 좋지만 조금 오래되었다면 길게 잘라 굽거나 버터를 녹인 프라이팬에 데운 후 메이플 시럽을 곁들인다. 타샤는 점심이나 저녁 때 갓 구운 옥수수 빵과 작은 볼에 담은 딸기 잼 또는 라즈베리 잼을 함께 차려 내곤 했다. 맛본 사람들은 훌륭한 음식이라며 타샤에게 진심 어린 칭찬을 아끼지 않았다.

How to make

[12인분]

중력분 125g, 옥수수가루 125g, 베이킹파우더 8g, 흰자와 노른자를 분리한 달걀 2개, 우유 1컵, 버터 115g, 설탕 100g, 소금 3g

1. 모든 재료는 실온에 둔 것으로 준비한다.
2. 오븐을 200°C로 예열한다.
3. 버터와 설탕을 섞은 후 달걀노른자를 넣는다.
4. 여기에 우유, 밀가루, 옥수수가루, 베이킹파우더, 소금을 넣고 섞는다.
5. 다른 볼에 달걀흰자를 넣고 뻑뻑해질 때까지 휘젓는다.
6. 뻑뻑해진 달걀흰자를 반죽에 부어 살살 섞는다.
7. 기름칠한 팬에 반죽을 채운 다음 20-25분간 굽는다.
8. 갓 구운 빵을 그대로 먹거나 기호에 따라 잼, 버터, 메이플 시럽 등을 곁들인다.

Breads and Muffins

Oatmeal Bread

오트밀 빵

이 빵은 다른 오트밀 빵 레시피에 비해 오트밀 함량이 매우 높은 편이다. 타샤는 오트밀 빵을 자주 만들었는데, 반드시 강력분을 사용하고 반죽을 잘 치대야 한다고 강조했다. 이 두 가지가 빵을 잘 부풀게 하는 결정적인 요인이기 때문이다. 음식을 낭비하지 않는다는 원칙을 가졌던 타샤는 보통 아침 식사 후 냄비에 오트밀이 남아 있을 때 이 빵을 만들었다.

How to make

[20×30cm 빵 2개분]

강력분 500g, 활성 드라이이스트 4작은술, 올드-패션드 롤드 오트* 300g, 스틸컷 오트** 200g, 가루우유 65g, 물 3컵 반, 버터 115g, 갈색설탕 100g, 소금 15g

1. 끓는 물에 스틸컷 오트를 넣는다.
2. 귀리가 물을 전부 흡수할 때까지 중간 불에서 저어가며 익힌다.
3. 여기에 갈색설탕, 버터, 소금을 넣는다.
4. 걸쭉하게 익힌 귀리를 큰 볼에 옮겨 담은 후 롤드 오트와 가루우유, 강력분 125g을 넣는다. 가루우유 대신 같은 양의 밀가루를 사용해도 되는데, 이때 물 양의 절반을 우유로 대체한다.
5. 재료가 잘 섞이도록 저은 뒤 랩을 씌워 1시간 정도 둔다.
6. 5의 귀리 혼합물에 남은 강력분과 이스트를 넣은 후 찰진 상태가 될 때까지 반죽을 치댄다.
7. 따뜻한 곳에서 1시간 정도 발효시킨다.
8. 식빵팬 2개에 기름을 칠한다. 반죽을 2등분해 2개의 팬에 각각 모양을 맞춰 넣는다.
9. 반죽이 식빵팬 테두리 위로 2-5cm 정도 부풀어 오를 때까지 발효시킨다.
10. 180℃로 예열된 오븐에서 40여 분 또는 빵 가운데 부분 온도가 80℃가 될 때까지 굽는다.

* 통째로 압착해 쪄낸 납작귀리
** 잘게 자른 귀리

Breads and Muffins
Salted Crackers
소금 크래커

소금 크래커는 한번 만들면 꽤 오래 보관해둘 수 있는 데다 여러모로 활용도가 높다. 타샤는 원래 찻잎이 들어 있던 크고 오래된 빨간색 틴 케이스에 소금 크래커를 담아 부엌 조리대 위 혹은 양념 통이 든 서랍 옆에 두었다. 그리고 티타임이나 점심 식사 때 식탁에 올리거나 햄 스프레드*를 발라 간식으로 먹곤 했다. 소금 크래커는 반죽을 네모나게 자르거나 쿠키 커터로 찍어서 혹은 작은 공 모양으로 굴린 뒤 얇게 밀어서 만든다. 무엇보다 반죽 두께를 0.15-0.3cm 정도로 얇게 하고 너무 굵은 소금을 사용하지 않는 것이 중요하다. 이 레시피는 크래커 전용이지만, 사실 대부분의 빵 반죽을 얇게 밀어 구워도 크래커가 된다.

How to make

[5cm 크래커 24개분]

중력분 185g, 차가운 버터 30g, 우유 1/2컵, 설탕 8.5g, 소금 3g, 베이킹파우더 아주 약간, 굵은 소금 필요한 만큼

1. 오븐을 220°C로 예열한다.
2. 큰 볼에 밀가루, 설탕, 소금, 베이킹파우더를 넣은 후 버터를 넣고 손으로 섞는다.
3. 여기에 우유를 붓고 반죽이 뭉칠 때까지 잘 섞는다.
4. 조리대 위에 밀가루를 뿌린 후 반죽을 잠깐 치댄다. 이때 반죽을 작은 공 모양으로 나누면서 치대면 더 수월하다.
5. 반죽을 0.3cm 이하로 얇게 민다.
6. 굵은 소금을 적당량 뿌리고 소금이 반죽에 잘 박히도록 밀대로 밀어준다.
7. 반죽을 원하는 모양으로 자른 뒤 포크로 몇 번 찔러 구멍을 내준다.
8. 밝은 갈색이 날 때까지 굽는다.

* 햄을 갈아 빵이나 과자에 발라 먹을 수 있도록 만든 스프레드

Wheat Bread

밀 빵

타샤는 랠프 월도 에머슨이 남긴 수많은 격언에 동의했다. "인생은 그리 짧지 않으며 예의를 갖출 시간은 항상 있다"라는 그의 말을 "인생은 그리 짧지 않으며 빵 만들 시간은 항상 있다"라고 재치 있게 바꾸기도 했다.

아래 재료로 큼직한 밀 빵 3개를 만들 수 있다. 강력분을 섞지 않고 통밀가루만으로도 만들 수 있지만 그러려면 낟알이 아주 곱게 갈린 가루를 써야 한다. 그래야 반죽이 충분히 말랑해져 발효가 잘되기 때문이다. 이때는 물을 반 컵 정도 적게 넣는다.

How to make

[약 15cm 빵 3개분]

통밀가루 720g, 강력분 750g, 활성 드라이이스트 3큰술, 우유 2컵, 물 3컵,
식물성기름이나 버터 170g, 설딩 150g, 소금 36g

1. 약 2L 용량의 냄비에 우유와 물을 붓고 43°C가 될 때까지 데운다.
2. 여기에 이스트를 넣고 젓는다.
3. 큰 믹싱볼에 통밀가루, 강력분, 설탕, 소금, 식물성기름 또는 버터를 넣은 다음 이스트 섞은 물을 붓는다.
4. 10분간 잘 치댄 뒤 2배로 부풀 때까지 둔다.
5. 부푼 반죽을 조리대에 몇 번 내리친 다음 3덩이로 나눈다.
6. 식빵팬 3개에 기름을 칠한 뒤 반죽 덩이를 각각의 팬에 나눠 넣고 모양을 잡는다.
7. 반죽을 가벼운 천으로 덮고 1시간 또는 식빵팬 테두리 위로 2.5-5cm 정도 부풀 때까지 둔다.
8. 180°C로 예열한 오븐에 식빵팬을 넣는다. 빵을 두드렸을 때 울리는 소리가 날 때까지 또는 빵의 가운데 부분이 약 75°C가 될 때까지 굽는다. 40분 정도 걸린다.
9. 빵은 오븐에서 꺼낸 뒤에도 좀 더 익는다. 빵을 팬에서 빼내 식힘망 위에서 식힌다.

II
Breakfast
아침 식사

Breakfast

Apple Dumplings
사과 덤플링*

사과 덤플링은 아침으로 먹기 좋은 음식이다. 바닐라 아이스크림을 곁들여 디저트로 먹어도 훌륭하다. 타샤는 사과 파이를 만들 때 종종 파이 반죽을 넉넉히 만들어 남는 반죽으로 사과 덤플링을 만들곤 했다. 파이 반죽을 12cm 크기의 정사각형으로 자른 다음 사과를 싸서 구워내는 것이다. 덤플링은 한 번에 아주 많은 양을 만들기는 어렵다. 다 익은 덤플링을 오븐에서 꺼내 새 접시에 옮겨 담으면 베이킹 접시에 시럽처럼 걸쭉해진 설탕물이 남는다. 이것을 숟가락으로 떠서 덤플링 위에 올려 먹는다.

How to make

[6인분]

중력분 250g, 사과 1개, 갈색설탕 400g, 베이킹파우더 6.5g, 시나몬가루 1/2작은술, 쇼트닝 145g, 버터 55g, 우유 1/2컵, 물 2컵, 소금 3g

1. 오븐을 180°C로 예열한다.
2. 밀가루, 베이킹파우더, 소금을 체로 쳐서 곱게 만든다.
3. 여기에 쇼트닝을 넣고 잘게 자르며 섞다가 우유를 부어 마저 섞는다.
4. 밀가루를 뿌린 조리대 위에 반죽을 올려 납작하게 만든 뒤 약 12cm 크기의 정사각형으로 자른다.
5. 자른 반죽 위에 껍질 벗긴 사과를 한 조각씩 올린다.
6. 설탕 4g에 시나몬가루를 약간 섞은 뒤 그 위에 뿌린다.
7. 네모나게 잘라둔 다른 반죽으로 사과를 덮고 사과 테두리 부분을 따라 꾹꾹 눌러준다.
8. 갈색설탕, 물, 버터, 시나몬가루를 함께 끓인 뒤 사과를 덮은 반죽 위에 붓고 약 30분간 또는 사과와 반죽이 충분히 익을 때까지 굽는다.

* 주로 밀가루로 만든 반죽 안에 소를 채워 찌거나 구워낸 요리. 만두, 경단 등과 비슷하다.

Breakfast

Cream of Wheat

크림 오브 휘트*

가끔 아침 식사로 먹고 남은 크림 오브 휘트가 냄비 바닥에 눌어붙어 있곤 했는데, 타샤는 그걸 버리지 않고 밤새 냉장고에 넣어두었다. 다음 날 아침, 타샤는 차게 굳은 크림 오브 휘트를 길쭉하게 잘라 버터 두른 팬에 살짝 구운 뒤 메이플 시럽이 든 병과 함께 차려 냈다. 남은 시리얼을 훌륭하게 활용한 이 음식은 우리가 아침 식사로 즐겨 먹은 메뉴였다. 타샤는 크림 오브 휘트를 만들 때 다른 음식을 만들다 남은 달걀노른자를 넣기도 했다. 크림 오브 휘트를 만드는 데는 2분 30초면 충분하지만, 타샤는 이따금씩 1940년대에 나온 제품들은 시간이 두 배쯤 걸렸노라 말하곤 했다.

How to make

[2인분]

크림 오브 휘트 1/3컵, 물 또는 우유 2컵, 버터 약간, 소금 약간

1. 끓는 물 또는 우유에 크림 오브 휘트를 천천히 부어가며 젓는다.
2. 여기에 소금을 넣고 걸쭉해질 때까지 약 2분간 계속 저어준다.
3. 걸쭉해진 크림 오브 휘트를 냉장고에 넣어 차갑게 식힌 뒤 길쭉한 모양으로 자른다.
4. 팬에 버터를 두른 후 크림 오브 휘트 조각들을 올리고 밑면이 노릇해질 때까지 익힌다. 뒤집어가며 다른 면도 잘 익힌다.
5. 식지 않게 접시에 바로 담아 메이플 시럽을 곁들여 먹는다.

* 아침 식사용 시리얼 상품. 대개 우유에 섞어 걸쭉한 죽처럼 만들어 먹는다.

Breakfast

Oatmeal

오트밀

타샤가 가장 즐겨 먹은 아침 식사가 바로 오트밀이다. 사용하는 귀리 종류도 여러 가지였는데, 간혹 잘게 자른 스틸컷 오트를 쓰기도 했지만 대개 통째로 압착한 롤드 오트를 썼다. 타샤는 겨울엔 장작 난로 위에서, 여름엔 전기 버너를 사용해 오트밀을 만들었다. 여름에도 새벽의 한기를 없애려 잠시 장작 난로를 때긴 했으나 금방 꺼버렸기 때문에 전기 버너를 사용하는 편이 더 실용적이었다. 타샤가 했던 방식 그대로 오트밀을 만들려면 염소젖이 필요하다. 타샤는 수십 년간 누비안* 염소들을 기르며 젖을 짰는데, 자신의 장수 비결로 이 염소젖을 꼽기도 했다. 오트밀을 만들고 난 냄비는 곧장 비눗물에 담그거나 바로 씻어 정리했다.

How to make

[1인분]
우유나 물 1컵, 롤드 오트 75g, 소금 약간

1   우유 또는 물을 끓인다.
2   여기에 귀리와 소금을 넣는다.
3   약한 불에서 한 번씩 저어주며 귀리가 익을 때까지 끓인다. 5분 남짓 걸린다.
4   단맛을 내려면 갈색설탕이나 메이플 시럽을 넣는다.

* 아프리카 동북부에 위치한 누비아Nubia 지역을 원산지로 하는 염소종

Breakfast

Omelet

오믈렛

타샤는 아침에는 주로 스크램블드에그를, 저녁에는 오믈렛을 만들었다. 오믈렛 속을 채우는 재료는 치즈 약간, 햄, 베이컨, 토마토 몇 조각 등으로 그리 대단하지 않은 것들이었다. 타샤는 조리용 스토브의 난로 망 옆에 있는 흔들의자에 앉아 오믈렛을 먹었고, 다 먹고 나면 개들을 산책시키러 나가곤 했다. 오는 길에 타샤는 헛간을 돌아다니며 남쪽으로 난 이중문들, 뒷문, 비둘기장 옆에 있는 문을 하나하나 닫았다. 이 시간은 타샤가 염소와 닭을 마지막으로 확인하는 때이기도 했는데, 동물들이 모두 잘 있는지 보고 오기까지 꽤 오랜 시간이 걸렸다.

How to make

[1인분]
달걀 2개, 우유 1큰술, 버터 1큰술, 소금 약간

1   달걀과 우유, 소금이 잘 섞이도록 휘젓는다.
2   중간 불에 지름 15cm 팬을 올리고 버터를 녹여 코팅한다.
3   달걀을 부은 뒤 팬을 기울여 고르게 퍼지도록 한다.
4   달걀 한쪽에 속 재료를 올리고 재료가 덮이도록 달걀을 반으로 접은 뒤 바로 접시에 담아낸다.

Potato Cakes
감자 케이크

타샤는 집 동쪽에 있는 개울과 큰 채소 정원 사이, 접시꽃이 핀 둑 바로 아래에 저장용 감자를 심었다. 약산성 토양이라 감자는 흠 없이 잘 자랐다. 밤이 길어지고 서리가 내릴 시기가 되면 타샤는 저물녘 감자밭에 나가 쇠스랑으로 감자를 몇 알 캐서 상태를 확인했다. 그리고 다음 날 해가 뜨면 남은 감자를 전부 캐서 햇볕에 내놓았다. 이렇게 하면 감자 껍질이 단단해져 찬 곳에 몇 달씩 두고 먹을 수 있었다. 타샤는 수확한 감자를 30L들이 바구니 몇 개에 나눠 담고 마대를 덮은 뒤 서재 근처 현관 앞에 두었다. 늦겨울이나 초봄쯤이면 보통 감자 바구니는 바닥을 보였고, 그나마 남은 감자도 물렁해져 싹이 나 있곤 했다. 타샤는 식료품점에서 감자를 비롯한 덩이줄기 채소를 살 때 큰 것이 아니라 크기에 비해 무거운 것을 골랐다.
먹고 남은 매시트포테이토로 감자 케이크를 만들어도 괜찮지만 처음부터 감자로 만들어야 더 맛있다. 감자 케이크에는 사과소스가 특히 잘 어울린다.

How to make

[4cm 케이크 12개분]
중간 크기 감자 3개, 달걀 4개, 소금 약간, 기름 또는 버터 약간

1. 껍질 벗긴 감자를 강판에 갈고 꽉 짜서 물기를 최대한 없앤다. 이것의 양이 적어도 4컵은 돼야 한다.
2. 여기에 달걀과 소금을 넣는다.
3. 약 0.5cm 두께로 동그랗게 모양을 잡아 패티를 만든다.
4. 기름이나 버터를 넉넉히 두른 팬에 감자 패티를 올려 5분 정도 굽는다. 양면 모두 갈색이 될 때까지 골고루 익힌다.
5. 뜨거울 때 바로 먹는다.

Breakfast
Swirled Egg
소용돌이 수란

언뜻 일반적인 수란 레시피와 비슷해 보이지만 달걀을 데치는 게 아니라 끓이는 방식으로, 노른자가 반숙이 아닌 완숙이 된다. 신선한 달걀을 써야 익는 동안 물속에서 모양이 잘 유지된다. 신선하지 않은 달걀은 흰자가 바로 풀려 모양이 잘 나오지 않는다. 또한 크고 깊은 냄비를 써야 처음 물을 휘저었을 때 생긴 소용돌이를 그대로 유지할 수 있다. 신선한 달걀은 완전히 익으면 껍질이 잘 안 까지기 때문에 타샤는 맛있고 모양이 잘 잡힌 완숙 달걀을 만들기 위한 대안으로 이 레시피를 사용했다.

How to make

[1인분]
물, 달걀 1개

1. 깊이가 5cm 이상 되는 냄비에 물을 끓인다.
2. 작은 볼에 달걀을 깬다.
3. 냄비 안에 있는 물을 빠르게 휘저어 소용돌이를 만든다. 소용돌이 한가운데에 달걀을 조심스럽게 부어 넣는다. 물이 끓어 넘치지 않도록 불을 살짝 줄인다. 더 이상 물을 저을 필요는 없다.
4. 10-12분 정도면 달걀이 다 익는다. 익은 달걀은 구운 밀 빵에 곁들여 먹으면 좋다.

Rice Breakfast
라이스밀

여름에 종종 해 먹던 이 요리는 남은 쌀을 활용해 만든다. 사실 이 레시피는 오트밀이 다 떨어졌을 때 대체 메뉴로 고안한 것이다. 라이스밀에 들어가는 토핑들은 다른 아침 식사용 시리얼에도 잘 어울린다.

How to make

[2인분]
쌀밥 2컵, 우유 2컵, 작은 사과 1개, 건포도 30g, 시나몬가루 1/2작은술, 갈색설탕 50g, 소금 약간

1. 사과를 4등분한 뒤 씨를 제거하고 깍둑썰기한다.
2. 사과를 냄비에 담고 쌀밥, 우유, 갈색설탕, 건포도, 시나몬가루, 소금을 넣는다.
3. 약한 불에서 10분간 뭉근하게 끓인다.

Pancakes and Waffles
팬케이크 또는 와플

언제라도 맛있는 팬케이크와 와플을 만들 수 있는 유용한 레시피다. 타샤는 같은 레시피라도 요리하는 사람에 따라 전혀 다른 맛을 낼 수 있으며 특히나 베이킹에서는 재료가 2할이고 기술이 8할이라고 늘 이야기했다. 그런 면에서 이 레시피는 조금 다르다. 요리의 성공 여부가 얼마나 고운 밀가루를 쓰느냐에 달렸기 때문이다. 만졌을 때 껄끄러움이라고는 조금도 느껴지지 않을 만큼 부드러운 밀가루를 써야 한다. 팬케이크가 아닌 와플을 만들 때는 아래 레시피보다 버터를 조금 더 넣도록 한다. 버터는 원하는 만큼 넣으면 되지만 230g은 넘지 않기를 권한다.

How to make

[15cm 팬케이크 또는 와플 8-10개분]
통밀가루 180g, 베이킹파우더 5.5g, 달걀 2개, 우유 1컵 반, 녹인 버터 55g, 설탕 25g, 소금 약간

1. 큰 볼에 밀가루, 소금, 베이킹파우더, 설탕을 넣고 섞는다.
2. 여기에 달걀, 우유, 버터를 넣고 살짝 섞은 뒤 1-2분간 그대로 둔다.
3. 예열된 그리들*에 버터를 두르고 불을 중간보다 조금 더 약하게 맞춘 뒤 반죽을 떠서 붓는다.
4. 케이크의 한쪽 면이 노릇해지면 뒤집는다. 반대쪽도 노릇하게 굽는다.

비건을 위한 글루텐 프리 팬케이크
- 우유를 같은 양의 사과소스로 대체한다.
- 달걀은 뺀다.
- 시중에 파는 글루텐 프리 밀가루를 사용한다.
- 버터 대신 기름을 쓴다.
- 사과 맛이 나는 조금은 다른 팬케이크가 되겠지만 그래도 맛있다.

* 커다랗고 두꺼운 요리용 철판

Ⅲ
Lunch and Supper
점심과 저녁

Lunch and Supper

Asparagus Spears

아스파라거스 줄기 요리

해마다 일정량 이상의 아스파라거스를 안정적으로 얻는 밭을 만들려면 끈기와 인내가 필요하다. 타샤의 아스파라거스밭에선 아스파라거스를 풍성하게 거둘 수 있었다. 아스파라거스밭을 처음 일굴 때, 타샤는 배수가 잘되는 토양에 2-3년 된 아스파라거스 뿌리들을 심은 후 퇴비를 듬뿍 주었다. 그리고 꼬박 2년이 넘게 기다렸다. 타샤는 수확 시기를 조절하기 위해 가을에는 볕이 들지 않도록 뿌리 덮개를 충분히 덮어 두었다가 봄이 오면 덮개를 일부 걷었다. 볕을 받은 쪽 아스파라거스는 빠른 속도로 쑥쑥 자라났다.

How to make

[4인분]
아스파라거스 450g, 물과 버터는 필요한 만큼

타샤는 두 가지 방법으로 아스파라거스를 조리했다.

첫 번째 방법
1. 냄비에 물을 2.5cm 높이로 채우고 아스파라거스를 넣는다.
2. 뚜껑을 덮고 크기에 따라 5-8분간 찐다. 적당히 잘 익은 아스파라거스는 밝은색을 띤다. 색이 흐릿하면 너무 많이 익은 것이다.

두 번째 방법
1. 아스파라거스를 2.5cm 정도로 잘게 자른다.
2. 소금물에 넣고 4-6분간 삶는다.

아스파라거스는 홀랜다이즈소스*나 비네그레트소스**와도 잘 어울리지만 타샤는 보통 버터만 약간 올려 냈다.

* 달걀노른자와 레몬즙, 버터 등을 섞어 만든 소스
** 식초 또는 레몬 주스에 오일, 소금, 후추와 갖가지 허브를 넣어 만든 소스로 샐러드, 해산물이나 육류 요리에 곁들인다.

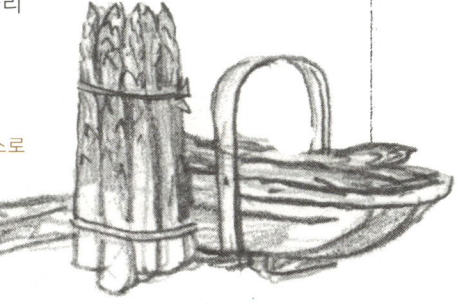

Lunch and Supper
Baked Beans
베이크드 빈스

베이크드 빈스는 기본 레시피대로 해 먹어도 훌륭하지만 다른 재료들을 더해도 좋다. 특히 소시지나 베이컨을 넣어 만들면 여러모로 활용할 수 있다. 타샤는 주로 날이 추운 시기에 이 요리를 만들었다. 추울 땐 조리용 스토브를 하루 종일 켜놓기 때문에 아침에 콩 항아리를 넣으면 저녁때까지 충분히 익힐 수 있다. 타샤는 베이크드 빈스를 만들 때 갈색의 구식 항아리를 사용했으며, 스토브 오븐의 문틈으로 나무 숟가락을 꽂아둔 항아리를 자주 볼 수 있었다. 타샤는 다양한 방법으로 베이크드 빈스를 만들었는데 이것이 가장 기본적이고 자주 쓰던 레시피다.

How to make

[6인분]

흰강낭콩 2컵, 소시지 230g, 당밀 40g, 겨잣가루 1작은술, 설탕 25g, 소금 9g

1. 콩을 깨끗이 씻으며 못 쓰는 것들을 골라낸다.
2. 씻은 콩에 물 2L를 부어 밤새 불린다.
3. 불린 콩을 1-2시간 뭉근히 끓인다.
4. 익은 콩의 물기를 뺀 뒤 다른 재료들과 섞어 항아리에 넣는다.
5. 콩과 재료들이 잠길 정도로 물을 붓는다.
6. 항아리 뚜껑을 덮고 150℃로 예열한 오븐에서 6-7시간 동안 익힌다.
7. 콩이 마를 것 같으면 물을 조금 더 넣는다.

Lunch and Supper
Baked Potato
구운 감자

갓 캔 감자인지 아닌지 알아보는 방법 중 하나가 껍질을 문질러보는 것이다. 껍질이 쉬이 벗겨지면 캔 지 얼마 안 된 감자다. 어떤 품종이든 갓 수확한 감자는 전분기가 충분치 않아 굽기보단 껍질째 삶아 먹는 게 좋다. 전분기가 많은 감자가 구이용으로 알맞다. 러셋 감자는 구워 먹기 좋은 품종으로, 타샤는 보통 5월 초(정원에 마지막 서리가 내리기 약 4주 전쯤)에 이 종자를 심었다. 저장용 감자인 케네벡과 레드 놀랜드 종은 6월 초에 심었다. 타샤는 씨감자를 사서 자르고 황가루를 뿌린 뒤 하룻밤 뒀다가 심곤 했다. 타샤가 감자를 심은 후 약 한 달간은 아름답고 온화한 날씨가 이어지다 보름달이 뜰 시기가 되면 매서운 서리가 내려앉곤 했다. 그맘때면 감자에 벌써 잎이 몇 장 올라와 있었다. 타샤는 감자가 찬 서리를 맞지 않도록 괭이로 흙을 모아 덮어주었다.

How to make

[1인분]
중간 크기 감자 1개, 올리브오일 약간

1 오븐을 200℃로 예열한다.
2 감자 전체에 올리브오일을 바른다.
3 익는 동안 터지지 않도록 포크로 감자 표면을 몇 번 찔러준다.
4 감자 크기에 따라 45분-1시간 정도 굽는다.
5 감자를 꺼내 잠깐 식힌 뒤 길게 칼집을 낸다. 그 위로 가염버터나 사워크림을 적당히 곁들인다.

Lunch and Supper

Bean Stew

콩 스튜

콩 스튜는 겨울철에 점심 식사로 즐겨 먹던 훌륭한 음식이다. 타샤는 큼직하고 깊은 무쇠 팬에 콩 스튜를 끓였다. 처음에는 불을 아주 약하게 하고 계속 저어줘야 하지만 재료가 익기 시작하면 굳이 지켜보지 않아도 된다. 스토브 뒤쪽에 두었다가 꺼내면 언제든지 따뜻하게 먹을 수 있다.

How to make

[4-6인분]

스테이크용 고기 700g, 450g짜리 검은콩 또는 강낭콩 통조림 2개, 셀러리 4줄기 다진 것, 양파 1/2개 다진 것, 마늘 2쪽 저민 것, 올리브오일 1큰술, 물 2컵 반, 케첩 1/2컵, 소금 12g, 후추 1/2작은술, 핫페퍼소스 필요한 만큼

1. 고기를 1cm 남짓한 크기로 자른다.
2. 크고 깊은 팬에 올리브오일을 두르고 달군다.
3. 팬에 고기를 넣고 노릇하게 볶는다.
4. 익은 고기는 팬 한쪽으로 밀어두고 마늘, 양파, 셀러리를 넣어 2-3분간 볶는다.
5. 남은 재료를 다 넣고 30분간 뭉근히 끓인다.
6. 토스트나 밥과 함께 먹는다.

Lunch and Supper
Beef Stew
비프스튜

타샤의 조리용 스토브 위에는 종종 구리로 된 이중냄비*와 뭉근히 끓는 스튜가 나란히 놓여 있곤 했다. 타샤는 이중냄비에 물을 가득 채워 뚜껑을 덮어두었다가 음식을 데울 때 그리고 어디선가 가끔씩 나타나는 버려진 새끼 새의 몸을 녹일 때 사용했다. 그렇게 해서 살아난 새들 중 유난히 기억에 남는 녀석이 있다. 어느 늦겨울 아침 별채 아래서 발견한 벨지안 반탐 종 병아리 치카호미니 Chickahominy 다. 타샤는 어미에게 버림받아 죽은 듯 쓰러져 있던 녀석을 괭이로 조심히 꺼내 보살폈다. 덕분에 녀석은 이후 몇 년간 아주 편안하고 행복하게 살았는데, 추위에 몹시 약했던 터라 영하에 가까운 기온에 노출되면 맥을 못 추었다. 녀석도 비프스튜를 좋아했다.

How to make

[6-8인분]

소고기 900g, 고기에 입힐 밀가루 약간, 껍질 벗겨 깍둑썰기한 감자 2컵,
껍질 벗겨 깍둑썰기한 당근 2컵, 껍질 벗겨 깍둑썰기한 순무 1컵,
껍질 벗겨 깍둑썰기한 파스닙** 1/2컵, 다진 양파 1/2컵, 피망 1개 깍둑썰기한 것, 잘게 썬 셀러리 1컵,
마늘 4쪽 저민 것, 비프 부용*** 큐브로 된 것 2개, 밀가루 1큰술, 버터 1큰술, 물 1L,
타임**** 1/2작은술, 파슬리 1/2작은술, 월계수잎 2장, 소금과 후추 약간

1 소금, 후추, 밀가루를 섞어 깍둑썰기한 소고기에 묻힌 뒤 버터에 볶는다.
2 볶은 고기에 물을 붓고 2시간 동안 뭉근히 끓인다.
3 여기에 남은 재료를 모두 넣고 뚜껑을 덮어 채소가 익을 때까지 끓인다.
4 필요하면 물을 더 넣는다.

* 냄비 두 개가 위아래로 겹쳐진 것. 음식을 중탕하거나 데울 때 사용한다.
** 설탕당근이라고도 한다. 당근과 비슷하게 생겼으나 색이 희고 맛도 더 달다.
*** 고기나 채소를 끓여 만든 육수. 맑은 수프 또는 소스를 만들 때 사용한다.
**** 상쾌한 향이 나는 천연 향신료. 고기, 생선, 국물 요리 등 다양한 음식에 사용한다.

Lunch and Supper

Broccoli

브로콜리

타샤는 브로콜리를 자주 먹었다. 브로콜리가 부드러워질 때까지 삶은 다음 소금과 버터를 더해 맛을 냈다. 타샤는 브로콜리의 작은 곁줄기들을 좋아했으며 큰 줄기는 먹지 않았다. 타샤가 말한 브로콜리의 유일한 단점은 냄비에서 꺼내고 나면 그 어떤 음식보다 빨리 식어버린다는 것이었다. 타샤는 여름이 되면 정원에서 브로콜리를 따고 겨울이 오면 냉동고에 브로콜리를 몇 상자씩 얼려두었다. 봄철 브로콜리에 새순이 돋으면 종종 토끼들이 먹어치우곤 했다. 타샤는 밤을 틈타 조그만 브로콜리 순을 통으로 덮어두었는데, 이 방법은 무척 도움이 되었다. 순이 어느 정도 자라고 나면 토끼들이 다른 채소를 찾아 가버렸기 때문이다.

How to make

[4인분]

브로콜리 450g, 버터 5-10g, 소금 약간

1. 브로콜리 줄기에서 송이들을 잘라낸다.
2. 물을 넉넉히 부어 끓인 뒤 잘라낸 브로콜리를 넣고 소금을 약간 친다.
3. 뚜껑을 연 상태로 브로콜리가 부드러워질 때까지 4-5분간 삶는다.
4. 물을 따라 버린 뒤 버터를 넣고 냄비를 흔들어 브로콜리에 버터를 골고루 묻힌다.
5. 식기 전에 바로 먹는다.

Lunch and Supper
Carrot Soup
당근 수프

이 수프는 당근 양을 입맛에 맞게 조절하거나 다른 재료를 더해 만들어도 좋다. 예컨대 당근이 많다면 당근 양을 2배로 늘려도 괜찮다. 타샤는 정원에 있는 당근밭을 언제나 유심히 살피며 자주자주 당근을 솎아냈다. 아직 덜 자란 작은 당근을 캐서 통째로 익혀 먹으면 맛있기도 하거니와 자주 솎아줄수록 남은 당근이 땅과 물을 넉넉히 확보해 더 잘 자라기 때문이다. 콩, 호박, 근대를 비롯한 많은 채소 종은 어느 정도 자라면 성장을 멈춘다. 그러니 자주 거둘수록 결과적으로 더 많은 양을 얻을 수 있다. 타샤는 채소 정원을 관리하는 데 언제나 온 마음을 쏟았으며 생산량을 늘리기 위해 부지런히 수확했다.

How to make

[4-6인분]

다진 당근 450g, 토마토 1개 다진 것, 다진 양파 1컵, 치킨 스톡 또는 채소 스톡 3-4컵, 저민 생강 3작은술, 마늘 1쪽 저민 것, 버터 55g, 레몬즙 2큰술, 소금과 후추 필요한 만큼

1. 양파, 생강, 마늘을 버터에 볶는다.
2. 여기에 당근, 토마토, 치킨 스톡 또는 채소 스톡을 넣고 끓인다.
3. 불을 줄이고 뚜껑을 덮어 당근이 물러질 때까지 약 15분간 뭉근히 끓인다.
4. 끓인 것을 한 김 식힌 다음 블렌더에 넣고 간다.
5. 여기에 레몬즙을 넣고 소금과 후추로 입맛에 맞게 간한다.
6. 수프를 그릇에 옮겨 담고 사워크림을 얹거나 당근을 갈아 장식한다.

Cauliflower with Cheese Sauce

치즈소스를 얹은 콜리플라워

타샤는 정원에서 잘 익은 콜리플라워를 수확한 날에 이 요리를 만들었다. 콜리플라워는 기온이 높아지면 쓴맛이 나기 때문에 여름이 되기 전에 수확할 수 있도록 빨리 심는 게 중요하다. 수확하기 일주일쯤 전에 겉잎 서너 장으로 송이 부분을 감싸두면 하얗게 잘 익은 콜리플라워를 거둘 수 있다. 가로 길이 15cm 정도가 수확하기 좋은 크기다. 콜리플라워는 꽃이 피면 그 훌륭한 질감을 잃어버리므로 아직 꽃송이가 올라오지 않은 것을 따거나 사도록 한다.

How to make

[4인분]

콜리플라워 1송이, 잘게 조각낸 체더치즈 30-60g, 중력분 30g, 버터 55g, 부순 크래커 1/4컵, 우유 2컵

1. 콜리플라워를 송이째 냄비에 넣고 충분히 부드러워질 때까지 약 15-20분간 찐다.
2. 콜리플라워가 익는 동안 소스를 만든다. 팬에 버터를 넣고 중간 불에서 녹인다.
3. 버터를 녹인 팬에 밀가루를 넣고 2분간 저어가며 익힌다.
4. 여기에 우유와 치즈를 더한 뒤 걸쭉해질 때까지 6-8분간 저어준다.
5. 오븐용 접시에 콜리플라워를 올린다. 이때 줄기 쪽을 아래로 둔다. 그 위에 소스를 붓고 부순 크래커를 뿌린다.
6. 180°C에서 15분간 굽는다.

Chicken or Beef Pie
치킨(비프) 파이

Lunch and Supper

타샤가 만든 치킨(비프) 파이는 닭고기(소고기), 감자, 당근, 양파 등을 넣어 깊은 파이 접시에 구워낸 푸짐하고 든든한 음식이었다.

How to make

[6인분]

파이크러스트 재료: 체로 친 중력분 250g, 쇼트닝 180g, 소금 6g, 얼음물 1/4컵
크림소스 재료: 밀가루 30g, 우유 2컵, 버터 55g
파이 소 재료: 익힌 닭고기 또는 소고기 900g, 양파 1/2개 깍둑썰기해 센 불에서 빠르게 볶은 것, 당근 2개 다져서 익힌 것, 감자 4개 껍질 벗겨 다져서 익힌 것, 콩 1/2컵, 소금 필요한 만큼

파이크러스트 레시피
1. 체 친 밀가루에 소금을 섞는다.
2. 여기에 쇼트닝을 넣어 콩알만 한 크기로 잘라가며 섞어준다.
3. 얼음물을 뿌려가며 반죽을 공 모양으로 뭉친다.
4. 반죽을 2덩이로 나누고 그중 하나를 파이 접시에 담아 접시 모양에 맞춰 펼친다.
5. 245°C로 예열한 오븐에서 10분간 굽는다.

크림소스 레시피
1. 팬에 버터를 넣고 중간 불에서 녹인 뒤 밀가루를 넣고 2분간 저어준다.
2. 여기에 우유를 넣고 자주 저어가며 뭉근히 끓인다. 6-8분간 끓이면 알맞게 걸쭉해진다.

앞서 익혀둔 파이크러스트에 파이 소 재료들과 크림소스를 올린 뒤 남은 반죽을 펼쳐서 덮는다. 오븐에서 30분간 또는 윗면이 갈색을 띨 때까지 노릇하게 굽는다.

Lunch and Supper

Chicken Noodle Soup
치킨 누들 수프

타샤는 여러 종류의 치킨 수프를 만들었는데 언제나 전날 먹고 남은 닭고기로 국물을 우렸다. 남은 고기와 뼈에 물을 붓고 당근, 양파, 마늘, 월계수잎과 다진 타라곤, 타임, 파슬리, 약간의 바질을 넣어 뭉근히 끓였다. 타샤는 이 수프를 여름에는 맑게, 겨울에는 좀 더 걸쭉하고 포만감을 느낄 수 있게 만들었다. 아래 레시피는 타샤가 겨울에 주로 만들던 방식이다.

How to make

[4-6인분]

익혀서 다진 닭고기 2컵, 치킨 스톡 6컵, 에그누들* 2컵, 헤비크림** 1/2컵, 중력분 30g, 물 3/4컵, 소금과 후추 필요한 만큼, 장식용 생 파슬리

1 치킨 스톡을 끓인 뒤 에그누들을 넣고 8분간 익힌다.
2 볼에 밀가루와 물을 섞어 끓는 스톡에 넣고 2분간 더 끓인다.
3 여기에 크림과 닭고기를 넣고 소금과 후추로 입맛에 맞게 간한다.
4 그릇에 담아 생 파슬리로 장식한다.

* 밀가루에 물 대신 달걀을 넣고 반죽해서 만든 면. 길이와 모양이 다양하며 노란색을 띤다.
** 유지방 함량이 높은 크림. 일반 생크림으로 대체 가능하다.

Lunch and Supper
Fish and Potato
피시 앤드 포테이토

1-2주에 한 번씩은 황새치, 연어, 대구 같은 생선이 식탁에 올랐다. 타샤는 특별한 행사가 있는 날엔 조가비에 생선을 담고 그 위에 부순 리츠 크래커를 뿌려 오븐에 굽기도 했으나 보통은 오븐용 유리 접시를 사용했다. 타샤는 남은 생선을 다음 날 점심에 감자와 섞어 요리하곤 했다. 아스파라거스, 브로콜리, 콩 같은 곁들임 요리도 함께 식탁에 올랐다. 외눈박이 고양이 미누Minou는 타샤가 생선 요리를 만들 때면 기대감에 부풀어 가르랑댔다. 타샤는 개들이 올라오지 못하는 조리대 위쪽에 미누가 먹을 생선을 놓아두곤 했다.

How to make

[4cm 패티 8-10개분]

익힌 생선살 1컵, 으깬 감자 1컵, 다진 딜* 9작은술, 달걀 1개, 버터 7g, 소금과 후추 약간

1. 큰 볼에 재료를 다 넣고 섞는다.
2. 섞은 재료로 0.7-1.5cm 두께의 작은 패티를 빚는다.
3. 팬에 기름을 두르고 패티들을 10-12분간 굽는다. 양면 다 노릇하게 익히되 뒤적거리지 말고 한 번만 뒤집는다.
4. 케첩, 채소와 곁들여 낸다.

- 상쾌한 향이 나는 향신료. 빵이나 생선, 조개 요리 등에 사용한다.

Lunch and Supper

Lentil Soup

렌틸콩 수프

렌틸콩 수프는 오래전부터 전해 내려온 훌륭한 레시피다. 허브 종류나 소금 양을 조절하면 누구든 입맛에 맞게 먹을 수 있다. 타샤는 금속 뚜껑이 달린 눈금 유리병에 말린 콩을 채워 선반 맨 위 칸에 보관해두었다.

How to make

[약 6인분]

생 렌틸콩 2컵, 토마토 2개 깍둑썰기한 것 또는 스튜드 토마토* 1캔, 치킨 스톡 또는 물 8컵, 셀러리 2줄기 다진 것, 양파 1개 다진 것, 당근 4개 다진 것, 마늘 4쪽 저민 것, 잘게 썬 시금치 2컵, 월계수잎 2장, 말린 오레가노** 1작은술, 바질 1작은술, 올리브오일 4큰술, 발사믹 식초 1큰술, 소금과 후추 필요한 만큼

1. 큰 냄비에 올리브오일을 넣고 달군다.
2. 달궈진 냄비에 셀러리, 양파, 당근을 넣는다.
3. 바질, 오레가노, 마늘, 월계수잎을 넣고 젓는다.
4. 여기에 치킨 스톡 또는 물을 붓고 토마토와 렌틸콩을 넣는다.
5. 1시간 남짓 뭉근하게 끓인다.
6. 수프를 그릇에 담고 발사믹 식초에 버무린 시금치를 올린다.
7. 소금과 후추로 입맛에 맞게 간한다.

렌틸콩 수프는 시간이 지나면 걸쭉해지므로 육수나 물이 더 필요할 수도 있다. 소시지나 소고기를 넣어 요리해도 아주 맛있다.

* 껍질 벗긴 완숙 토마토에 허브를 첨가한 것
** 상쾌하게 톡 쏘는 향이 나는 향신료. 토마토소스 요리나 육류 요리에 주로 사용한다.

Lunch and Supper

Macaroni and Cheese

치즈를 얹은 마카로니

점심 또는 저녁 식탁에 자주 오른 이 요리는 수년간 타샤의 집을 찾은 많은 손님에게 사랑받았다. 양을 늘려 만들기도 쉬운 요리다. 타샤는 보통 손님들이 오기 전날 미리 이 요리를 만들어 냉장고에 보관해뒀다가 다음 날 식사를 차리기 1시간쯤 전에 크래커를 뿌려 구워내곤 했다. 때로는 작은 볼 여러 개에 나눠 구워서 각자 먹도록 했다.

How to make

[4-6인분]

마카로니 2컵, 깍둑썰기한 샤프 체더치즈 110g, 깍둑썰기한 벨비타* 치즈 110g, 중력분 30g, 물 6컵, 우유 2컵, 버터 75g, 부순 리츠 크래커 1봉, 소금과 후추 필요한 만큼

1. 끓는 물에 마카로니를 넣고 부드러워질 때까지 삶는다.
2. 오븐을 180℃로 예열한다.
3. 지름 약 20cm 팬에 버터를 넣고 중간 불에서 녹인다.
4. 녹인 버터에 밀가루를 넣고 가루가 없어질 때까지 젓는다.
5. 여기에 우유와 치즈를 넣고 걸쭉해질 때까지 젓다가 소금과 후추로 간한다.
6. 치즈소스에 물기를 뺀 마카로니를 넣어 섞는다.
7. 부순 크래커를 뿌린 뒤 예열된 오븐에 넣고 노릇해질 때까지 약 25분간 굽는다.

타샤는 종종 곱게 간 마늘을 소스에 섞거나 크래커 토핑 위에 파르메산 치즈를 뿌리기도 했다. 크래커는 포장 봉투째 밀대로 밀어 부순 뒤 사용했다.

* 미국 크래프트 푸드Kraft Foods사의 치즈 브랜드

Lunch and Supper
Meatballs
미트볼

감자, 밥, 파스타, 빵 등과 두루 잘 어울리는 요리다. 익히지 않은 상태로 냉동실에서 두세 달 보관이 가능하므로 한 번에 많이 만들어두어도 좋다. 이 레시피에는 없지만 양파를 넣거나 다른 재료들을 취향껏 더해도 된다. 아래 레시피에서 비프 스톡을 뺀 나머지 재료로 맛있는 미트 로프*를 만들 수도 있다. 타샤는 크리스마스를 앞두고 미트볼을 만들곤 했다.

How to make

[4cm 미트볼 18개, 약 6인분]

다진 칠면조 고기 700g 또는 다진 칠면조 고기 350g과 다진 소고기 350g, 비프 스톡 2-3컵, 퀵 롤드 오트** 150g, 간 파르메산 치즈 30g, 타임가루 1작은술, 달걀 2개, 케첩 1/2컵, 올리브오일 2큰술, 소금 6g

1. 올리브오일과 비프 스톡을 제외한 모든 재료를 한데 넣고 고루 섞는다. 너무 오래 섞으면 질겨지므로 주의한다.
2. 지름 약 4cm 크기로 둥글게 빚는다.
3. 25cm 이상 되는 팬에 올리브오일을 두르고 달군 뒤 뭉쳐둔 미트볼과 스톡을 넣는다.
4. 미트볼이 70°C가 될 때까지 익힌다. 너무 오래 익히면 퍼석해지므로 주의한다.

* 곱게 다진 고기, 양파 등을 섞어 식빵 모양으로 구운 요리
** 요리 시간을 단축할 수 있도록 한 차례 가공한 납작귀리

Lunch and Supper

Rice and Tomato
토마토를 곁들인 밥

타샤가 1930년대에 자주 해 먹었던 요리다. 타샤는 나이가 들어서도 토마토가 무르익는 늦여름이나 간소한 식사를 하고 싶은 날 이 음식을 만들었다. "옛날에는 여름에 먹을 게 이것밖에 없었단다." 타샤는 불평이 아니라 추억하듯 이렇게 말하곤 했다. 대공황 때는 커다란 채소 정원이 여러 가정의 주요한 식품 공급원이었다. 그때 타샤는 10대 후반에서 20대 초반 무렵이었는데, 식사 시간에 타샤는 종종 당시의 추억을 우리에게 들려주곤 했다. 내가 무척 좋아한 시간이다.

How to make

[4인분]

장립종 흰쌀 1컵, 통조림 또는 직접 만든 스튜드 토마토 약 2컵, 물 2컵, 버터와 소금 약간

1. 끓는 물에 소금과 버터를 넣는다. 둘 중 하나 혹은 둘 다 생략 가능하다.
2. 여기에 쌀을 넣고 꼭 맞는 뚜껑을 덮어 20분간 뭉근히 익힌다. 증기가 아주 약간만 새어 나와야 하며, 많이 나오면 불을 조금 낮춘다. 뚜껑은 열지 않는다.
3. 포크로 밥을 살살 섞어 접시에 담고 그 위에 준비한 토마토를 올린다. 타샤는 언제나 토마토를 통째로 끓는 물에 넣고 30초간 데친 뒤 칼을 이용해 껍질을 벗기는 방법을 썼다.
4. 취향에 따라 생 바질, 후추, 체더치즈 등을 뿌린다.

Rice, Carrots, and Chicken
당근과 닭고기를 곁들인 밥

타샤는 채소 정원에서 가장 많은 수확물이 나는 늦여름에 이 요리를 자주 만들었다. 콩, 브로콜리, 비트, 스트링빈 등으로 만든 곁들임 요리도 함께 차려 냈다. 밥과 당근을 같이 익히면 따로 익혔을 때보다 풍미가 훨씬 좋아진다.

How to make

[4-5인분]

익혀서 깍둑썰기한 닭고기 2컵, 흰쌀 1컵, 당근 4개, 물 2와 1/4컵, 버터 30g, 소금 6g

1. 끓는 물에 버터 15g과 소금을 넣는다.
2. 여기에 당근과 쌀을 넣고 저은 뒤 꼭 맞는 뚜껑을 덮어 20분간 뭉근히 익힌다. 증기가 아주 약간만 새어 나와야 하며, 많이 나오면 불이 너무 센 것이니 조금 낮춘다. 밥이 익을 때까지 뚜껑을 열지 않는다.
3. 익은 밥에 썰어둔 닭고기와 남은 버터를 올린다.

Roast Beef and Cream Sauce
Lunch and Supper

로스트 비프와 크림소스

타샤는 연초가 되면 새해를 축하하기 위해 로스트 비프를 샀다. 큼지막한 덩어리를 산 덕에 자투리 조각마저 무척 먹음직스러웠다. 새해맞이 식사 후 남은 고기는 매끼 부지런히 잘라 먹느라 크기가 날마다 눈에 띄게 줄었다. 그중 가장 기억에 남는 것이 두툼하게 구운 통밀 빵에 로스트 비프 조각과 크림소스를 얹어 먹던 바로 이 요리다. 주로 브로콜리를 곁들여 먹었다.

How to make

[2인분]

빵, 로스트 비프, 밀가루 30g, 버터 55g, 우유 2컵

1. 중간 불에 팬을 올리고 버터를 녹인다.
2. 녹인 버터에 밀가루를 넣고 2분간 젓는다.
3. 여기에 우유를 넣고 자주 저어가며 걸쭉해지도록 6-8분간 끓인다.
4. 빵을 두툼하게 썰어 구운 뒤 접시에 올린다.
5. 구운 빵 위에 로스트 비프 몇 조각과 크림소스를 얹는다.

Lunch and Supper
Roast Chicken
로스트 치킨

로스트 치킨은 갓 만들었을 땐 메인 요리로 먹고, 식으면 치킨 샌드위치나 치킨 샐러드로 만들어 먹었다. 마지막에는 치킨 수프로까지 활용하곤 했으나 그때까지 남은 적은 거의 없었다. 타샤는 닭 뼈를 장작 난로에 태운 뒤 재를 정원에 뿌리기도 했다. 토양의 산성도를 높이기 위해서였다. 타샤는 전통적인 식사를 하는 크리스마스나 추수감사절에 열 반사 오븐*으로 칠면조를 구웠으며, 그보다 비교적 손님이 적게 모이는 다른 행사 때는 적당한 크기의 닭 또는 오리 등을 구웠다. 타샤는 구이 요리를 할 땐 생 허브를 사용하는 게 중요하다고 강조했다. 식사 시간이 가까워져 오면 작은 바구니와 기다란 가위를 들고 허브 정원에 다녀오곤 했다.

How to make

[4인분]
3kg 정도 크기의 구이용 닭 1마리, 깐 양파 1개, 깐 마늘 4쪽, 생월계수잎 4장, 생 타라곤**, 생 세이지***, 소금과 후추 필요한 만큼, 버터 또는 식은 베이컨 기름

1. 닭은 깨끗이 씻어 말려둔다.
2. 오븐을 180°C로 예열한다.
3. 씻어 말린 닭을 구이용 팬에 올리고 소금과 후추를 뿌린 뒤 버터나 식은 베이컨 기름을 표면에 발라준다.
4. 닭의 양쪽 다리 옆에 칼집을 내고 마늘을 1쪽씩 넣는다.
5. 양파, 월계수잎, 타라곤, 세이지, 남은 마늘을 닭의 배 속에 집어넣는다.
6. 실이나 끈으로 닭을 잘 묶고 2시간 동안 또는 닭이 70°C가 될 때까지 굽는다. 익는 동안 육즙을 자주 끼얹어준다.

* 광택 나는 철판이 화덕이나 난로의 열기를 반사해 내용물을 고루 익히는 오븐
** 매콤하면서 쌉쌀한 맛을 내는 향신료. 달콤한 향이 난다. 주로 소스를 만들 때 사용한다.
*** 자극적인 맛을 내는 향신료. 톡 쏘는 향을 낸다. 고기나 소시지, 치즈 요리에 주로 사용한다.

Salmon
Lunch and Supper

연어

타샤는 일주일에 한 번 정도, 보통 시장에 수산물이 들어오는 날 생선 요리를 만들었다. 타샤는 생선의 신선도를 깐깐하게 살폈다. 판매대에 있는 생선이 마음에 들지 않으면 더 싱싱한 것이 없냐고 꼭 물어봤고, 대부분의 경우 그보다 나은 게 있었다. 타샤는 구운 연어에 완숙 달걀과 채소를 곁들이거나, 얇게 썬 감자에 올리브오일과 로즈메리를 넣고 조리한 음식을 함께 차려 냈다.

How to make

[2-3인분]

연어 살코기 340g, 버터 15g, 올리브오일 1큰술, 소금 약간

1. 오븐을 260℃로 예열한다.
2. 작은 팬에 버터, 올리브오일, 소금을 넣고 달궈 소스를 만든다.
3. 소스의 절반을 오븐용 접시에 부은 뒤 연어를 올린다.
4. 남은 소스를 연어 위에 고루 끼얹는다.
5. 오븐에서 5분간 굽고 뒤집어서 다시 5분간 굽는다. 연어 온도가 63℃쯤 되거나 살이 불투명해지고 포크로 눌렀을 때 잘 갈라지면 충분히 익은 것이다.
6. 구운 연어를 접시에 옮겨 담고 파슬리 버터(119쪽 참조)를 곁들여 낸다.

Lunch and Supper
Split Pea Soup
완두 짜개* 수프

타샤의 수프 레시피들만 모아도 책 한 권은 될 것이다. 기본적인 재료를 사용하고 음식을 남기지 않는 타샤의 습관 덕으로, 수프야말로 냉장고에 남은 식재료를 비우는 동시에 맛있게 요리하는 최고의 방법이었다. 완두, 특히 생완두는 타샤가 무척 좋아하던 식재료다. 여름이면 타샤는 토머스 랙스턴 종 완두를 18L쯤 따 와서 현관 앞 흔들의자에 앉아 껍질을 깠다. 깐 콩은 의자 오른쪽 테이블 위에 놓인 노란색 도자기 볼로 들어갔다. 테이블엔 보통 빨간색 식탁보가 덮여 있었고 뒤편 구석에는 꽃병 하나가 놓여 있었다. 날씨가 더울 때 타샤는 이 테이블에서 차를 즐겨 마셨다. 타샤는 덥고 끈적한 날씨를 좋아했다.

How to make

[4-6인분]

완두 짜개 2컵, 본인햄 bone in ham 뼈 1개, 깍둑썰기한 햄 230g, 잎이 달린 셀러리 3줄기 다진 것, 다진 양파 1컵, 당근 3개 다진 것, 찬물 2L, 소금과 후추 필요한 만큼

1. 깨끗이 씻어 선별한 완두를 물에 넣고 뚜껑을 덮어 끓인다.
2. 2분간 끓인 뒤 불에서 내려 1시간 정도 둔다.
3. 채소들을 넣고 다시 불에 올린다. 끓어오르면 뚜껑을 덮고 2시간 반 동안 뭉근히 익힌다. 그 중간쯤 본인햄 뼈를 넣어준다.
4. 완두가 부드럽게 익으면 본인햄 뼈를 건져내고 수프를 식혀 체에 거른다.
5. 그릇에 담은 뒤 깍둑썰기한 햄을 올리고 소금과 후추로 간한다.

* 말려서 껍질을 벗기고 반으로 쪼갠 완두

Lunch and Supper
Christmas Turkey
크리스마스 칠면조

타샤는 겨울이면 하루 종일 벽난로를 켜놓았기 때문에 매일 아침 난로엔 석탄이 들어 있었다. 타샤는 크리스마스 아침이 밝아오면 일찌감치 칠면조를 열 반사 오븐에 넣었다. 점심을 먹으러 다들 모일 때쯤이면 집 안은 으깬 감자, 그레이비소스, 설탕 쿠키, 갓 구운 빵, 구운 칠면조 냄새로 가득했다. 대문에 걸린 발삼나무 가지들과 빨간 리본을 단 리스는 좋은 향기를 내고, 요리용 스토브 위에 놓인 구리 그릇에서는 촛불이 밝게 빛났다. 개들은 멍멍 짖으며 뛰어다녔고, 크리스마스 인사를 전하려는 지인들의 전화벨 소리가 끊이지 않았다. 무엇보다도 기억에 남는 건 타샤 집 대문 빗장을 열 때 나는 '딸깍' 소리였다. 그 소리가 들리는 순간 새롭고 매력적인 세상으로 들어가는 문이 열렸기 때문이다. 이 시기에 타샤는 정말이지 열정과 에너지가 넘쳐흘렀다. 타샤의 집에서 크리스마스를 보내는 건 언제나 매우 신나는 일이었다.

How to make

[1인당 약 450g씩]
칠면조, 베이컨 기름, 후추, 소금

크기에 따라 다르지만 보통 칠면조를 구우려면 5-7시간 정도 화력을 일정하게 유지해야 한다. 오래된 열 반사 오븐은 반짝이는 광택이 사라져 칙칙하고 짙은 회색을 띠는데, 그러면 새 오븐에 구울 때보다 시간이 더 오래 걸린다.

열 반사 오븐에 칠면조 굽기
1. 칠면조에 소금과 후추, 베이컨 기름을 문지른다.
2. 스터핑*을 채운 칠면조를 꼬챙이에 잘 고정한 뒤 오븐에 넣고 불을 지핀다.
3. 20분마다 한 번씩 돌려가며 굽는다. 중간중간 베이컨 기름을 덧발라준다.
4. 거의 다 익었다 싶으면 온도계로 칠면조의 온도를 확인한다. 75°C쯤 되면 잘 익은 것이다.

* 달걀, 닭고기, 생선, 채소, 버섯 등을 요리할 때 속에다 채워 넣는 음식. 다진 채소 등으로 만든다.

Lunch and Supper

Thin Bread Sandwiches

얇은 빵 샌드위치

샌드위치를 만들 때 얇은 빵을 쓰는 건 타샤만의 독특한 스타일이었다. 타샤는 소풍용 샌드위치를 만들 때나 다과용 샌드위치를 만들 때나 늘 빵을 얇게 썰었다. 필요에 따라 마요네즈나 버터를 바르기도 했다. 빵이 얇으면 부서지기 쉬우므로 타샤는 빵을 자르기 전에 버터를 먼저 바르곤 했다.

How to make

[1인당 1개]

타샤가 자주 만든 샌드위치 조합은 아래와 같다.

- 오이와 버터
- 크림치즈와 라즈베리 잼 또는 딸기 잼
- 허브를 곁들인 치킨
- 크림치즈와 골파*
- 땅콩버터와 마시멜로 플러프**
- 햄 스프레드와 버터

* 차이브라고도 하는 파의 일종. 양파와 비슷하게 생겼으며 달걀 요리, 수프, 샐러드 등에 조미료로 사용한다.
** Marshmallow Fluff, 빵 또는 스낵에 발라 먹는 마시멜로 크림 브랜드

Lunch and Supper

Tomato Soup

토마토 수프

타샤의 채소 정원에는 항상 토마토가 있었다. 토마토는 처음 싹이 트는 시기에 밤나방 애벌레를 조심해야 한다. 타샤는 밤나방 애벌레를 막기 위해 신문지를 접어 토마토 줄기 주위에 둘러두었고, 결과적으로 토마토는 잘 자랐다.

How to make

[6인분]

수프 재료: 통조림 토마토 또는 생 토마토 2컵, 다진 양파 1/2컵, 다진 셀러리 1/2컵, 갈색설탕 8.5g

소스 재료: 토마토 페이스트 2/3컵(타샤는 헌트Hunt사 제품을 사용했다), 비프 부용 큐브로 된 것 1개, 뜨거운 물 1컵, 양파 1/2개, 정향* 4개, 바질가루 또는 생 바질 다진 것 약간, 버터 85g, 우유 3컵, 소금과 후추 필요한 만큼

수프 만들기

1 재료를 모두 섞어 20분간 뭉근히 끓인 뒤 체에 내린다.
2 한쪽에 둔다.

소스 만들기

1 양파에 정향을 박는다.
2 두꺼운 팬에 버터를 녹이고 소금과 후추를 뿌린다.
3 우유가 덩어리지지 않도록 팬에 천천히 부은 뒤 양파를 넣고 5분간 끓인다.
4 양파를 꺼내고 토마토 페이스트, 뜨거운 물에 녹인 비프 부용, 바질을 넣는다.

소스와 수프를 섞고 소금과 후추로 입맛에 맞게 간한다. 맛이 좀 밍밍하다 싶으면 토마토 페이스트를 더 넣는다. 이중냄비에 고루 데워서 그릇에 담아 내도록 하고 수프가 분리되면 잘 섞어준다.

* 상쾌하고 달콤한 향이 나는 향신료. 육수, 소스, 케이크, 빵, 피클, 육류 등 다양한 요리에 풍미를 더할 때 사용한다.

Lunch and Supper

Winter Squash Soup

늙은 호박 수프

떡호박 Blue Hubbard Squash이 가장 풍미가 좋은 수프가 되긴 하나 땅콩호박이나 도토리호박을 비롯한 완숙 호박들은 모두 수프로 만들기 좋다. 그중에서도 땅콩호박이 가장 손질하기 쉽다. 늙은 호박은 따뜻하고 바람이 잘 통하는 곳에 2주 정도 두었다가 서늘하고 건조하고 어두운 곳으로 옮겨 보관하면 몇 달이 지나도 풍미를 잃지 않는다. 완전히 익은 호박일수록 수분이 적어 수프로 만들거나 보관해두기에 더 좋다. 침실에 난방이 되지 않던 과거에는 침대 밑이 호박을 보관하기에 가장 좋은 장소였다. 지하 저장실은 습도가 너무 높기 때문이다.

How to make

[6-8인분]

호박 900g, 채소 스톡 또는 치킨 스톡 4컵, 다진 양파 또는 다진 리크* 1/2컵, 저민 생강 3작은술, 버터 30g, 소금 6g

1　오븐을 200°C로 예열한다.
2　호박을 길게 반으로 자른 뒤 기름을 바른 시트나 구이용 접시에 잘린 면이 아래로 가게 놓는다.
3　호박이 부드러워질 때까지 오븐에서 1시간 정도 굽는다.
4　호박을 굽는 동안 큰 냄비에 버터를 두르고 양파 또는 리크를 볶는다.
5　오븐에서 호박을 꺼내 식힌 다음 속을 긁어서 채소를 볶아둔 냄비에 넣는다.
6　여기에 채소 스톡 또는 치킨 스톡, 소금, 저민 생강을 넣는다.
7　저어가며 15-20분간 뭉근히 끓인다. 힘주어 휘저으면 더욱 부드러운 수프를 만들 수 있다.

• 파와 비슷하게 생긴 채소의 한 종류

IV

Fruits and Salads
과일과 샐러드

Bean Salad
Fruits and Salads

콩 샐러드

타샤는 마음에 드는 레시피를 발견하면 입맛에 맞게 고쳐 자신의 요리 노트에 적어두곤 했다. 타샤는 제철 음식을 즐겨 먹었고 가능한 한 많은 과일과 채소를 기르려 노력했다. 이 레시피는 타샤가 1960년대에 기록해둔 것으로 현관 앞 테이블에 식사를 차리는 여름철에 주로 먹었던 음식이다. 그맘때 타샤의 정원에는 장미가 활짝 피어 있었다.

How to make

[6-8인분]

450g짜리 강낭콩 통조림 1캔, 450g짜리 리마빈 통조림 1캔, 450g짜리 왁스빈 통조림 1캔, 잘게 자른 생 그린빈 1컵 반, 110g짜리 피멘토* 1병, 작은 적양파 1개 깍둑썰기한 것, 올리브오일 1/2컵, 식초 1컵, 설탕 100g, 셀러리 소금** 6g, 소금 6g

1. 강낭콩, 리마빈, 왁스빈, 그린빈, 피멘토, 양파를 씻어 물기를 빼고 큰 볼에 담는다.
2. 냄비에 식초, 올리브오일, 소금, 셀러리 소금, 설탕을 넣고 끓인다.
3. 끓인 것을 식힌 뒤 볼에 담긴 콩에 붓고 잘 섞는다.
4. 냉장고에 하룻밤 보관한다. 만들어서 바로 먹는 것보다 1-2일 뒤에 먹는 게 더 맛있다.

* 순한 맛이 나는 고추 종류의 채소. 파프리카와 매우 비슷하다.
** 곱게 간 셀러리 씨와 소금을 섞은 것

Fruits and Salads
Carrot Salad
당근 샐러드

타샤는 먹고 남은 햄, 치킨, 칠면조 고기 등을 그라인더로 갈아 크로켓을 자주 만들었다. 그라인더는 뿌리 채소를 가는 데도 아주 유용해서 당근 샐러드를 만들 때 종종 사용했다. 80년 전부터 사용한 이 그라인더는 지금까지도 무척 잘 쓰고 있다.

How to make

[2인분]

껍질 벗긴 당근 6개, 건포도 30g, 마요네즈 2-4큰술, 레몬즙 1큰술, 소금 약간

1 그라인더에 당근을 갈고 건포도, 레몬즙, 소금을 넣는다.
2 마요네즈와 섞어서 먹는다.

Kale Salad
Fruits and Salads

케일 샐러드

타샤는 1년에 두 번, 봄과 한여름에 케일을 심었다. 케일은 보통 겨울까지 잘 견뎠다. 하지만 가끔 정원 울타리 위로 나무가 쓰러지면 무너진 울타리 틈으로 금세 사슴들이 들어와 6m가량 줄지어 심어둔 케일을 줄기까지 먹어치웠다. 타샤는 이런 일이 생기는 걸 좋아하지 않았고, 나아가 농사의 성패에 생계가 달린 농부들을 진심으로 안타까워했다.

How to make

[2인분]

샐러드 재료: 케일, 다진 사과, 간 당근, 건크랜베리, 호두
드레싱 재료: 레몬즙 1큰술, 올리브오일 1큰술, 발사믹 식초 약간, 소금 약간, 고춧가루 약간

1. 케일을 깨끗이 씻은 뒤 물기를 없앤다.
2. 줄기 부분은 제거하고 이파리 부분만 사용한다. 이파리를 잘게 자른 뒤 손으로 문질러 섬유질을 으깬다.
3. 사과와 건크랜베리, 호두, 당근을 원하는 만큼 넣는다.
4. 유리병에 드레싱 재료를 모두 넣은 뒤 뚜껑을 닫고 흔들어 잘 섞는다. 원하는 양만큼 샐러드에 뿌린다.
5. 샐러드는 축축한 페이퍼 타월로 덮어 냉장고에 넣어두면 이틀 정도 보관할 수 있다.

Fruits and Salads
Orange and Banana
오렌지와 바나나

간단한 이 요리는 1년 내내 즐길 수 있는 전통 디저트다. 어차피 샐러드볼에서 가장 먼저 없어지는 과일이 바나나와 오렌지인데 다른 과일을 굳이 넣을 필요가 있을까? 제철이 지나면 좋은 오렌지를 구하기가 쉽지 않을 수도 있다. 크기가 같다면 손으로 들었을 때 무게가 더 나가는 쪽이 좋은 오렌지다. 잘 익은 오렌지는 물렁한 부분 없이 전체적으로 단단하며 껍질이 얇고 부드럽다. 바나나는 갈색 반점이 생기고 줄기가 시들기 시작한 게 좋다. 그래야 더 달고 덜 끈적이며 소화가 잘되기 때문이다.

How to make

[2인분]

잘 익은 바나나 2개, 오렌지 2개

1. 껍질 벗긴 오렌지를 떼어내 썬다.
2. 껍질 벗긴 바나나를 자른다.
3. 둘을 섞어서 바로 먹는다. 휘핑크림을 곁들여도 좋다.

Fruits and Salads

Pear and Arugula Salad

배와 루콜라 샐러드

타샤가 요리에 쓰던 배는 대부분 집 서쪽에 있는 커다란 바틀릿배*나무 아래서 주운 것이었다. 타샤가 1960년대에 버몬트로 이주해 심은 이 나무는 늦여름부터 초가을까지 많은 열매를 맺었다. 배가 필요할 때면 타샤는 현관문을 나서 베란다를 지나고 초롱꽃밭을 거쳐 나무를 향해 난 경사진 풀밭을 천천히 걸어갔다. 첫서리가 내릴 때쯤에는 마지막 남은 배를 따서 바구니에 담은 뒤 염소젖 짜는 곳에 보관해두었다.

How to make

[4인분]

껍질째 얇게 썬 배 1개, 생 루콜라 8컵, 엑스트라 샤프 체더치즈 55g, 맷돌에 간 겨자씨 1작은술, 메이플 시럽 20g, 올리브오일 2큰술, 식초 1작은술, 소금 약간

1. 메이플 시럽, 식초, 겨자씨, 소금을 섞는다.
2. 여기에 올리브오일을 조금씩 부어가며 비네그레트소스를 만든다.
3. 샐러드 접시 위에 루콜라를 담고 얇게 썬 배와 치즈를 올린다.
4. 샐러드 위에 비네그레트소스를 원하는 만큼 뿌려서 먹는다.

* 원산지는 유럽이며 아시아를 제외한 대부분의 나라에서 가장 많이 볼 수 있는 배 품종

V
Accompaniments
곁들임 요리

Accompaniments

Cream Sauce
크림소스

크림소스는 치즈를 얹은 마카로니를 만들 때 필요하지만 채소 요리에 곁들여 먹기에도 좋다. 맛이 순하고 부드러우며 만드는 방법도 간단하다. 걸쭉한 소스를 묽게 하기는 쉬우나 묽은 소스를 걸쭉하게 만들기는 어렵다. 소스를 음식에 얼마나 부어 먹을지, 만들 때 소금, 후추, 허브를 얼마나 넣을지는 입맛에 맞게 조절하면 된다. 다만 적은 양으로도 맛이 크게 달라질 수 있으니 주의하도록 하자.

How to make

버터 55g, 우유 2컵, 밀가루 30g, 소금 약간, 후추 또는 원하는 향신료 필요한 만큼

1. 중간 불에 팬을 올리고 버터를 녹인다.
2. 녹인 버터에 밀가루를 넣고 2분간 휘젓는다.
3. 여기에 우유를 넣고 저으며 6-8분간 뭉근히 끓인다.
4. 충분히 걸쭉해지면 불을 끈다. 원한다면 후추나 기타 향신료를 넣어 풍미를 더한다.
5. 소금으로 적절히 간한다.

Accompaniments

Ham Spread

햄 스프레드

타샤에겐 소포가 자주 왔다. 친구나 지인들이 보내온 것도 있고 직접 시킨 것도 있었다. 그러나 타샤는 무엇이든 직접 보고 사는 걸 좋아했다. 잘 알려지지 않은 업체의 물건이 마음에 들면 어떤 업체인지 확인하기 위해 찾아가는 일도 있었다. 매년 크리스마스를 한 달쯤 앞두고 타샤는 질 좋은 햄을 구하기 위해 버몬트 북부로 떠났다. 햄을 종류별로 넉넉히 사서 일부는 선물하고 나머지는 특별한 때 쓰기 위해 남겨두었다. 타샤가 오랜 시간 무척 즐겨 만들어온 레시피 중 하나가 바로 햄 스프레드다. 치즈를 얹은 마카로니에 올리거나 샌드위치 속을 채울 때 썼으며 크래커에 발라 먹을 때도 있었다. 밥이나 감자 요리에 곁들여 풍미를 더하기도 했다. 타샤는 부엌에서 몇 안 되는 현대식 기기인 쿠진아트* 블렌더로 햄 스프레드를 만들었다. 물론 다른 블렌더를 사용해도 된다.

How to make

바로 먹을 수 있는 반조리 햄 170g, 샤프 체더치즈 85g, 깐 마늘 1-2쪽

1 햄을 적당한 크기로 자른 뒤 재료를 모두 블렌더에 넣고 간다. 샌드위치 속 재료로 사용하려면 마요네즈 1큰술을 더한다.
2 잘 밀봉해서 냉장고에 넣어두면 1주일까지 보관이 가능하다.

• Cuisinart, 미국의 주방용 가전제품 브랜드

Accompaniments

Parsley Butter

파슬리 버터

타샤는 주로 연어 구이에 파슬리 버터를 곁들여 내곤 했다. 특히 허브 정원이 무성해져 파슬리와 딜을 쉽게 구할 수 있는 봄여름에 자주 만들었다. 타샤는 온실에 작은 감귤류 나무를 몇 그루 길렀으나 잘 익은 레몬은 많아야 겨우 6개쯤 열렸다. 타샤는 레몬을 수확할 때마다 무척 기뻐했다. 하지만 양이 턱없이 모자랐기 때문에 라임과 레몬은 대부분 식료품 가게에서 구입했다.

How to make

실온에 둔 버터 55g, 다진 생 파슬리 1/2큰술과 장식용 파슬리 줄기 몇 개, 다진 생 딜 1작은술, 레몬즙 2작은술 반, 소금 3g, 후추 약간

1. 버터를 부드러워질 때까지 으깬다.
2. 으깬 버터에 다진 파슬리, 소금, 후추를 넣는다.
3. 레몬즙을 조금씩 넣으며 젓다가 딜을 섞는다.
4. 작은 볼이나 틀로 버터의 모양을 잡아 접시에 담는다.
5. 생 파슬리 줄기로 장식한다.

Accompaniments
Pastry
페이스트리

타샤가 사과 파이, 호박 파이, 블루베리 파이, 체리 파이 등을 만들 때 사용한 페이스트리 레시피다. 타샤는 대리석 조리대 위에다 반죽을 펴서 날랜 손동작 몇 번으로 원하는 모양을 척척 만들어냈다. 대리석 조리대를 쓰면 반죽의 차가움이 오래 유지돼 버터가 잘 녹지 않는다. 부엌 선반 아래 칸에 대리석으로 된 밀대도 있었으나 타샤는 주로 나무 밀대를 사용했다.

How to make

[약 25cm 파이크러스트 2개분]

체로 친 중력분 310g, 쇼트닝 180g, 소금 6g, 얼음물 1/4컵

1. 밀가루와 소금을 섞는다.
2. 여기에 쇼트닝을 넣고 콩알만 한 크기가 되도록 잘게 자른 후 차가운 물을 넣는다.
3. 반죽을 치대 공 모양으로 뭉친다.
4. 뭉친 반죽을 반으로 가르고 각 덩어리를 부드럽게 밀어서 둥글넓적한 원반 모양으로 만든다.
5. 반죽에 랩을 씌워 냉장고에 넣고 30분 뒤에 꺼낸다.
6. 조리대에 밀가루를 살짝 뿌리고 반죽을 올려 가운데부터 밀어준다. 최소한으로만 치대고, 꾹꾹 누르기보단 슬쩍슬쩍 밀어내도록 한다.
7. 반죽을 밀대에 걸쳐서 파이 접시로 옮긴다. 반죽이 접시 바닥과 옆면에 잘 들러붙도록 눌러준다. 접시 가장자리에 튀어나온 반죽은 가위로 잘라 보기 좋게 정리한다.

Stuffing
스터핑

타샤는 페퍼리지 팜 Pepperidge Farm사의 제품을 좋아했다. 페퍼리지 팜은 1937년 코네티컷의 페어필드에서 주부이자 세 아이의 어머니였던 여성이 만든 식품 제조업체다. 타샤 역시 비슷한 시기에 비슷한 곳에서 주부이자 어머니로서의 삶을 시작했다. 이 레시피는 원래 있던 레시피에 타샤가 좋아하는 재료를 추가한 것이다. 타샤는 명절이 되면 칠면조 속에 이 스터핑을 채워 구워내곤 했다.

How to make

치킨 스톡 2컵 반, 셀러리 4줄기 다진 것, 버터 115g, 마늘 6쪽 저민 것, 큰 양파 1개 다진 것, 페퍼리지 팜 허브 시즈닝 스터핑 450g짜리 1팩, 생 허브 믹스(파슬리, 타임, 세이보리, 세이지, 마저럼 등) 1컵

1. 약한 불에 팬이나 냄비를 올리고 치킨 스톡과 버터를 넣어 끓인다.
2. 믹싱볼에 스터핑과 나머지 재료들을 넣은 뒤 앞서 끓여둔 스톡을 붓고 살짝 버무려 섞는다.

칠면조 구이를 할 때는 스터핑을 너무 꽉 채우지 말고 살짝 부족하게 넣도록 한다. 칠면조와 스터핑 모두 75℃가 될 때까지 익힌다. 타샤는 벽난로 앞에 있는 열 반사 오븐을 이용해 칠면조를 구웠다. 9kg짜리를 익히는 데 4-6시간 정도 걸렸다.

VI

Desserts

디저트

Desserts

Apple Pie

사과 파이

1920년대에 타샤는 코네티컷에서 열리던 야외 티파티에 종종 참석했다. 수십 년 뒤 타샤는 버몬트에 정원을 일구었고 옛날 그 티파티가 열리던 곳에 있던 사과나무의 가지를 얻어다 심고자 했다. 하지만 안타깝게도 그 나무가 1938년에 불어닥친 허리케인 때문에 죽었다는 사실을 알게 된다. 타샤는 그 나무에서 열리던 사과의 맛과 향, 색을 고스란히 기억하고 있었다. 결국 타샤는 사과나무의 품종을 찾아냈고, 묘목을 구해 넓은 수선화밭 바로 옆에 심었다. 수선화밭에 난 풀들은 겨우내 납작 엎드려 있다가도 이른 봄이 되면 언제 그랬냐는 듯 노란 물결을 이루며 기분 좋은 향기를 풍겼다. 늦여름이 되면 타샤가 심은 나무에는 파이를 만들기에 안성맞춤인 사과들이 탐스럽게 열렸다.

How to make

[8인분]

약 25cm 파이 2개분의 페이스트리 반죽(120쪽 참조), 사과 6-8개, 설탕 100g, 시나몬가루 1작은술, 소금 약간

1. 오븐을 245°C로 예열한다.
2. 120쪽의 레시피대로 만든 페이스트리 반죽을 10분간 구워낸 뒤 오븐 온도를 220°C로 낮춘다.
3. 사과는 깎아서 씨를 제거한 뒤 0.6cm 두께로 썬다.
4. 자른 사과에 시나몬가루, 설탕, 소금을 뿌려 10분간 재운다.
5. 구운 페이스트리에 재워둔 사과를 올리고 숟가락이나 손으로 잘 펼친다. 그 위에 페이스트리 반죽을 덮고 칼집을 낸다.
6. 사과를 넣은 페이스트리를 20분 동안 구운 뒤 오븐 온도를 180°C로 낮춰 30분간 더 구워준다. 타샤는 사과 파이를 너무 오래 굽지 않도록 조심했다. 사과 고유의 식감이 살아있어야 더 맛있기 때문이다.

Desserts

Applesauce
사과소스

타샤의 정원에는 6그루의 사과나무가 있는데 모두 늦은 여름부터 가을까지 열매를 맺는다. 일찍 열리는 사과는 오래가지 않는 반면 서리가 내리기 직전에 열리는 사과는 반년쯤 보관할 수 있다. 대부분의 사과는 소스로 만들면 훌륭한 맛을 내는데 특히 두세 가지 종류를 섞어 만들면 더욱 맛있다. 타샤는 주로 엠파이어와 코틀랜드 종을 반씩 섞었다. 사과 수확량이 많을 때면 타샤는 사과 파이, 사과 케이크, 사과 크리스프*, 사과 버터, 사과 코블러**, 사과소스 등을 부지런히 만들었다. 타샤는 사과소스를 따뜻하게 데워 다른 음식에 곁들이거나 디저트로 차려 내곤 했다. 맛을 본 손님들이 뭘 넣고 만들었길래 이렇게 맛있냐고 칭찬할 때마다 타샤는 무척 기뻐했다.

How to make

[4인분]

큰 사과 4개, 물

1. 사과를 씻어서 껍질과 씨를 제거한 뒤 적당한 크기로 썬다.
2. 냄비에 사과를 넣고 물 1/2컵을 붓는다. 사과가 신선하지 않을 땐 물의 양을 좀 더 늘린다.
3. 뚜껑을 덮고 약한 불에서 뭉근히 끓인다. 나무 주걱으로 자주 저어가며 20분간 또는 사과가 물러서 풀어질 때까지 끓인다. 너무 오래 끓이지 않도록 한다.
4. 씹는 맛이 있는 소스를 원한다면 위의 과정만으로 충분하다. 그러나 타샤는 더 부드럽게 만들기 위해 소스를 불에서 내린 뒤 1분 정도 계속해서 빠르게 저어주었다. 그보다 더 부드러운 질감을 원하면 굵은 체에 한 번 걸러준다.

* 재료를 매우 얇게 자른 뒤 가열하거나 말려 바삭하게 만든 음식
** 밀가루 반죽이나 두꺼운 비스킷을 올린 과일 파이의 한 종류

Desserts

Applesauce Cake

사과소스 케이크

타샤는 사과가 땅에 떨어지기 전에 미리 따서 녹색 물푸레나무 바구니에 담았다. 그 바구니를 조리대 위에 있는 빵 상자 옆에 놓아두고는 며칠에 걸쳐 소스, 파이 등의 사과 요리를 만들곤 했다. 타샤는 티타임 때 먹거나 손님을 접대하기 위해 매일같이 쿠키 아니면 케이크를 구웠다. 일찍 온 손님들은 계절에 따라 티테이블 차리는 일을 돕거나 땔감을 한 아름씩 들어 옮기거나 촛대에 초를 바꿔 꽂거나 잡초 더미를 옮겼다. 타샤는 사과소스 케이크에 아이싱을 할 때도 있고 안 할 때도 있었다.

How to make

[10인분]

케이크 시트 재료: 중력분 185g, 설탕을 넣지 않은 사과소스 1컵, 부드러운 버터 115g, 설탕 150g, 달걀 1개, 시나몬가루 1작은술, 정향가루 1/2작은술, 베이킹소다 2g, 소금 3g

아이싱 재료: 크림 1/2컵, 버터 15g, 바닐라 익스트랙 2g, 갈색설탕 200g

케이크 시트 만들기

1. 오븐을 180°C로 예열한다.
2. 큰 믹싱볼에 설탕, 달걀, 버터를 넣고 휘젓는다.
3. 여기에 밀가루, 베이킹소다, 소금, 시나몬가루, 정향가루, 사과소스를 넣고 재료들이 섞일 정도로만 가볍게 저어준다.
4. 20cm 크기의 정사각형 팬에 기름을 칠하고 반죽을 붓는다.
5. 25-30분간 또는 포크나 이쑤시개로 가운데를 찔렀을 때 반죽이 묻어나지 않을 정도까지 굽는다.

아이싱 만들기

1. 갈색설탕과 크림을 113°C가 될 때까지 뭉근히 끓인다.
2. 불을 끄고 약 38°C까지 식힌 뒤 버터와 바닐라 익스트랙을 넣는다.
3. 걸쭉해질 때까지 휘저은 뒤 케이크 시트에 바른다.

Desserts

Baked Apples
구운 사과

요리용 사과는 아삭하고 새콤하고 오래 보관할 수 있는 것이 좋다. 조나골드와 와인샙 품종이 대표적이다. 그러나 타샤는 품종을 가리지 않고 골고루 사용했다. 구운 사과는 겨울밤 난롯가에 둘러앉아 자주 먹던 음식이다. 심을 제거한 사과에 갈색설탕과 건포도를 채워 10여 분간 구우면 설탕이 녹아 흐르는데, 그걸 시럽처럼 사과에 끼얹어 먹는다. 타샤는 평소에 암탉을 키우는 마당 옆 식료품 저장고에 회전식 사과 필러 겸 코러*를 보관해뒀다. 그리고 사과소스나 파이를 대량으로 만들 때면 그것을 꺼내 부엌 조리대에 고정해놓고 사용하곤 했다. 전통적인 구운 사과 레시피는 껍질을 깎아서 사과를 조각낸다. 그러나 타샤는 아래와 같은 방법으로 만들었다.

How to make

[10-12인분]

사과 10-12개, 갈색설탕 300g, 시나몬가루 1작은술, 건포도 90g, 너트메그** 1작은술, 헤비크림 필요한 만큼

1. 오븐을 180℃로 예열한다.
2. 깨끗이 씻은 사과를 자르지 말고 가운데 씨 부분만 제거한다.
3. 갈색설탕, 건포도, 너트메그, 시나몬가루를 섞어 사과 속을 채운다.
4. 오븐용 접시에 찬물을 0.5cm 남짓 되는 높이로 붓고 사과들을 올린다.
5. 30-50분간 또는 사과가 물러질 때까지 굽는다. 이때 지나치게 물러져 풀어질 정도가 되지 않도록 한다. 갓 딴 사과는 그렇지 않은 사과보다 천천히 익으므로 조리 시간을 잘 조절한다.
6. 사과가 다 익을 때쯤이면 물과 설탕이 섞여 시럽이 된다. 이 시럽과 헤비크림을 구운 사과 위에 올려 먹는다.

* 필러는 사과 껍질을 깎는 기계를, 코러는 사과 씨를 제거하는 도구를 말한다.
** 육두구 나무의 열매. 요리에 특유의 풍미를 더하는 향신료로 사용된다.

Desserts

Brownies

브라우니

타샤는 늦여름부터 초가을까지는 대부분의 시간을 정원에서 보냈지만 날이 춥고 해가 짧은 겨울이 되면 주로 집 안에서 글을 쓰고 그림을 그렸다. 타샤는 그림 작업용 테이블 끄트머리에 앉아 있곤 했는데 그 왼편에는 북쪽으로 난 창문이, 오른편에는 벽난로가 있었다. 그리고 타샤의 손이 닿는 곳에는 언제나 단 음식이 놓여 있었다. 이 레시피는 여러 브라우니 레시피 중에서도 타샤가 가장 좋아했던 것이다. 서머타임이 막 끝나고 오후 4시만 되면 어둠이 내려앉기 시작하던 초겨울에 자주 만들었다. 타샤는 특히 아이싱 부분을 좋아했다.

How to make

[5×5cm 브라우니 24개분]

브라우니 재료: 중력분 185g, 베이킹용 코코아가루 95g, 버터 260g, 달걀 4개, 바닐라 익스트랙 4g, 베이킹파우더 2.5g, 설탕 400g, 소금 6g

아이싱 재료: 녹인 버터 85g, 베이킹용 코코아가루 65g, 슈거파우더 335g, 우유 1/3컵, 바닐라 익스트랙 4g

1. 오븐을 180°C로 예열한다.
2. 버터를 녹인 뒤 여기에 브라우니 재료를 모두 넣고 잘 섞는다.
3. 약 25×35cm 크기의 팬에 반죽을 넣고 25분간 또는 포크로 가운데를 찔렀을 때 반죽이 묻어나지 않을 정도까지 굽는다. 너무 오래 굽지 않도록 주의한다.
4. 팬 안에서 혹은 식힘망 위에서 식힌다.
5. 아이싱 재료를 모두 넣고 골고루 섞은 뒤 브라우니 위에 바른다.
6. 아이싱한 브라우니를 먹기 좋은 크기로 자른다.

Desserts

Charlotte Cake

샬럿 케이크

초콜릿 케이크 레시피 중 딱 하나만 고르라면 이것을 고르겠다. 이 레시피는 우리 가문의 오랜 친구이자 타샤의 후원자였던 네드 힐스Ned Hills의 여동생 샬럿 브라운Charlotte Brown이 1950년대에 알려준 것이다. 타샤는 이 케이크를 '끝내주는 것stunner'이라고 했는데, 정말 그렇다. 약 25×40cm 크기로 구운 케이크 시트에 버터, 크림, 바닐라로 만든 화이트 바닐라 아이싱을 올린 이 케이크는 진하고 촉촉하며 거부할 수 없는 맛을 낸다. 반죽이 쉽게 꺼지므로 다 구워질 때까지 오븐을 열지 않도록 한다.

How to make

[12인분]

케이크 시트 재료: 중력분 310g, 코코아가루 85g, 베이킹소다 10.5g, 버터밀크 2컵, 옥수수기름 3/4컵, 달걀 1개, 설탕 400g, 소금 4.5g

아이싱 재료: 부드러운 버터 110g, 바닐라 익스트랙 12g, 슈거파우더 900g, 잘 발리는 부드러운 크림 1/2컵 이상, 소금 약간

케이크 시트 만들기
1. 오븐을 180°C로 예열한다.
2. 설탕과 옥수수기름을 섞은 뒤 달걀을 넣고 잘 휘젓는다.
3. 여기에 가루들과 버터밀크를 번갈아 가며 넣어준다.
4. 팬에다 기름을 칠하고 밀가루를 뿌린 뒤 반죽을 붓는다.
5. 약 30분간 굽는다.

아이싱 만들기
1. 큰 믹싱볼에 버터, 슈거파우더, 소금을 넣고 주걱으로 1분간 잘 섞는다.
2. 여기에 바닐라 익스트랙을 넣고 다시 1분간 휘젓는다.
3. 크림을 조금씩 부어가며 원하는 농도가 될 때까지 젓는다.
4. 케이크 시트가 다 식으면 1cm 두께로 아이싱한다.

Desserts

Chocolate Chip Cookies

초콜릿 칩 쿠키

타샤는 쿠키에 들어간 초콜릿 칩을 '초콜릿 콩'이라고 불렀다. 타샤가 만드는 초콜릿 칩 쿠키의 특징 중 하나는 초콜릿 콩이 무척 풍성하게 들어간다는 것이다. 타샤는 자신만의 방식으로 재료를 조합하고 반죽을 섞어 맛과 식감이 훌륭한 초콜릿 칩 쿠키를 만들었다. 거의 녹은 듯한 아주 부드러운 버터를 사용하는 것, 반죽 재료들을 가루가 보이지 않을 정도로만 최대한 짧은 시간에 섞는 것 등이다. 쿠키를 덜 익히거나 너무 많이 익혀서도 안 된다. 가장자리가 막 노릇해지기 시작할 때, 반죽의 윤기가 막 사라지기 시작할 때 오븐에서 꺼낸다. 꺼낸 쿠키들은 곧바로 식힘망으로 옮겨 식힌다. 그 과정에서 꼭 몇 개가 부서지곤 하는데, 그것들은 시식용이 된다.

How to make

[6cm 쿠키 약 36개분]

중력분 280g, 초콜릿 칩 2-3컵, 녹인 무염버터 230g, 베이킹소다 2.5g, 바닐라 익스트랙 4g, 갈색설탕 150g, 설탕 150g, 소금 6g, 달걀 2개

1. 오븐을 180°C로 예열한다.
2. 큰 믹싱볼에 갈색설탕, 설탕, 버터, 바닐라 익스트랙, 달걀, 밀가루, 소금, 베이킹소다를 넣는다.
3. 가루가 보이지 않을 때까지만 가볍게 섞은 뒤 초콜릿 칩을 넣는다.
4. 숟가락으로 반죽을 동그랗게 떠서 쿠키 시트 위에 올린 뒤 살짝 눌러준다.
5. 8-10분간 또는 가장자리가 노릇해지거나 반죽의 윤기가 막 사라지기 시작할 때까지 굽는다.
6. 초콜릿 칩 쿠키는 밀폐 용기에 넣으면 실온에서 1주일 정도, 냉동고에서는 훨씬 더 오래 보관할 수 있다. 그러나 1-2일 내로 먹는 게 가장 맛있다.

Desserts

Chocolate Pudding

초콜릿 푸딩

따뜻한 초콜릿 푸딩에 바닐라 아이스크림을 한 스쿱 곁들여 먹으면 잊지 못할 경험을 할 수 있다. 타샤는 이중냄비를 사용해 푸딩을 만들었다. 타샤의 이중냄비는 아래가 구리, 위가 도자기로 된 것이었다. 타샤는 푸딩을 저을 때 나무 숟가락을 썼으며, 일정 온도에 도달하면 쉼 없이 저어주었다. 그리고 푸딩이 충분히 걸쭉해졌다 싶으면 곧바로 준비해둔 볼에 부어 냉장고에 넣었다. 타샤는 푸딩이 식으면 생기는 두꺼운 껍질 부분을 좋아했지만, 이것이 싫다면 비닐 랩을 푸딩 표면에 밀착시켜 덮어두도록 한다. 이렇게 해두면 냉장고에서 이틀간 보관이 가능하나 하루 안에 먹는 게 좋다. 아이스크림 대신 헤비크림 1큰술을 곁들여도 맛있다. 이 레시피는 만드는 데 그리 오래 걸리지 않으며 아직 이에 견줄 만한 믹스 제품은 찾지 못했다.

How to make

[4인분]
무가당 코코아가루 40g, 옥수수 전분 25g, 우유 2컵, 물 1/3컵,
바닐라 익스트랙 4g, 설탕 100g

1. 냄비에 설탕, 코코아가루, 물을 넣고 저어가며 끓인다.
2. 여기에 우유 1과 3/4컵을 넣는다.
3. 작은 볼에 옥수수 전분과 남은 우유를 넣고 섞는다.
4. 3을 냄비에 넣고 계속 저어준다.
5. 내용물이 걸쭉해지면 불을 줄이고 1분간 더 저은 뒤 바닐라 익스트랙을 넣는다.

Desserts

Christmas Tree Gingerbread

크리스마스트리 진저브레드

타샤는 요리책 여백에 해당 레시피를 더 맛있게 만들 방법을 연구해 메모해놓곤 했다. 그보다 더 나은 레시피를 찾은 경우에는 크게 X표를 쳐놓기도 했다. 이 레시피는 진저브레드 하우스나 크리스마스트리를 장식할 쿠키를 만들 때 사용했다. 크리스마스가 끝날 즈음 장식용 진저브레드는 오래돼 맛이 없어진다. 그러면 집 밖에 있는 나무에 걸어 장식해두곤 했는데, 타샤의 정원을 오가는 다람쥐와 새들이 좋아했다.

How to make

[10cm 쿠키 16-20개]

진저브레드 재료: 밀가루 750g, 생강가루 4작은술 반, 흑설탕 200g, 당밀 1컵 반, 버터 230g, 베이킹소다 4g, 시나몬가루 1작은술, 소금 15g, 달걀 3개

아이싱 재료: 설탕 300g, 달걀흰자 2개분, 물 1/2컵

진저브레드 만들기

1. 오븐을 180℃로 예열한다.
2. 버터를 크림처럼 부드럽게 만든 뒤 설탕, 달걀, 당밀을 넣는다.
3. 체에 내린 가루들을 2에 섞어 반죽을 만든다. 완성된 반죽은 잠시 냉장고에 넣어둔다.
4. 차가워진 반죽을 꺼내 밀대로 밀어준다.
5. 크리스마스트리에 잘 어울리는 모양의 커터로 찍고 끈을 달 수 있도록 구멍을 낸다.
6. 찍어낸 반죽을 시트에 올리고 약 10-15분간 굽는다. 시간은 반죽 두께에 따라 또는 가장자리가 노릇해지는 타이밍에 맞춰 조절한다. 너무 바삭해지지 않도록 주의한다.

아이싱 만들기

1. 설탕과 물을 섞어 얇은 가닥이 끈끈하게 늘어날 때까지 끓인다.
2. 볼에 달걀흰자를 넣어 휘젓는다.
3. 끈끈해진 설탕에 달걀흰자를 부은 뒤 핸드믹서로 섞는다.
4. 원뿔 모양으로 만든 유산지 혹은 짤주머니에 아이싱을 넣어 진저브레드 쿠키를 장식한다.

Desserts

Baked Custard

구운 커스터드

타샤는 젊었을 때부터 쭉 닭을 길러왔을 정도로 닭에 큰 애정을 가지고 있었다. 타샤에게 닭은 달걀 공급원일 뿐 아니라 그림의 소재이기도 했다. 닭이 뛰노는 마당에 눈이 내려앉는 겨울이 되면 타샤는 녀석들에게 녹색 채소(보통은 케일)를 주었고, 여름에는 정원에서 얻은 잡초를 넉넉히 주었다. 봄이 되어 볕이 강해지고 낮이 길어지면 달걀도 더 많이 나왔다. 이는 타샤의 식탁에 영향을 미쳤고, 구운 커스터드가 자주 오르곤 했다. 요즘은 대부분의 우유가 저온살균을 거치므로 우유를 따로 가열할 필요는 없다.

How to make

[6인분]

실온에 둔 달걀 5개, 우유 4컵, 설탕 65g, 바닐라 익스트랙 4g, 간 너트메그 약간, 소금 약간

1. 오븐을 150°C로 예열한다.
2. 재료를 모두 넣고 잘 섞어준다.
3. 고운 체에 걸러 거품을 제거하고 베이킹컵에 붓는다.
4. 너트메그가루를 뿌린 다음 오븐에서 45-60분간 굽는다. 커스터드는 너무 많이 익으면 분리될 수 있으므로 주의한다. 살짝 흔들었을 때 가운데가 완전히 굳지 않고 떨리면 잘 익은 것이다.
5. 오븐에서 꺼내 식힌다. 오븐에서 꺼낸 뒤에도 남은 열기 때문에 좀 더 익는다.

Desserts

Vanilla Ice Cream

바닐라 아이스크림

이 레시피는 손으로 돌리는 아이스크림 메이커를 사용하는 방식이다. 아이스크림이 어떻게 아이스크림이란 이름을 얻게 되었는지 보여주는 레시피다. 지금처럼 냉장 기술이 발전하기 전에는 손으로 젓는 것이 아이스크림을 맛볼 수 있는 유일한 방법이었다. 타샤는 이렇게 만든 아이스크림을 먹으며 자랐고 또 이것을 한평생 꾸준히 만들었다. 종종 다진 복숭아나 딸기를 곁들이기도 했다. 생일 파티가 있는 날이나 7월의 무더운 일요일이면 이 소박한 아이스크림이 그날의 하이라이트가 되곤 했다.

How to make

[8인분]

헤비크림 4컵, 우유 4컵, 설탕 300g, 바닐라 익스트랙 12g, 소금 약간

1. 팬에 헤비크림을 붓고 끓기 직전까지 데운 뒤 불에서 내린다.
2. 여기에 설탕과 소금을 넣는다.
3. 하룻밤 또는 몇 시간 정도 찬 곳에 둔다.
4. 차가워진 크림에 우유와 바닐라 익스트랙을 넣고 아이스크림 메이커의 금속 통에 붓는다.
5. 아이스크림 메이커의 바깥 통에 얼음과 소금을 채운다.
6. 처음 5분은 천천히 돌린다. 돌리기 힘들어지면 아이스크림이 완성된 것이다.

Desserts

Oatmeal Cookies
오트밀 쿠키

뉴잉글랜드에는 2월과 3월은 물론 4월에도 눈이 많이 내린다. 길게는 5월 초까지 오기도 하는데 그 정도면 겨울이 6개월 넘게 지속되는 셈이다. 날씨도 무척이나 변덕스럽다. 타샤는 마크 트웨인의 말을 빌려 이렇게 말하곤 했다. "뉴잉글랜드는 아홉 달이 겨울이고 세 달은 썰매 타기에 나쁜 날씨야." "뉴잉글랜드의 날씨가 마음에 들지 않을 땐 몇 분만 기다려 봐." 타샤는 추운 겨울에 단열 작용을 해주는 눈이 충분히 내리지 않을 때면 정원이 망가질까 봐 걱정했다. 겨울에서 봄으로 넘어가는 시기에 기온이 급격히 오르락내리락하면서 땅이 얼었다 녹았다를 반복하는데, 그러면 땅이 팽창하고 들려서 식물이 죽는 경우가 많기 때문이다. 이처럼 심한 날씨 변화 때문에 타샤는 자주 티타임을 가졌다. 초봄에는 눈, 비, 크로커스 꽃 그리고 오트밀 쿠키가 있었다.

How to make

[7.5cm 쿠키 36개분]

중력분 250g, 퀵 롤드 오트 450g, 부드러운 버터 230g, 달걀 2개, 베이킹소다 2.5g, 시나몬가루 1작은술, 바닐라 익스트랙 4g, 설탕 200g, 갈색설탕 200g, 소금 6g

1. 오븐을 180°C로 예열한다.
2. 큰 믹싱볼에 버터, 설탕, 갈색설탕, 달걀, 바닐라 익스트랙을 넣고 섞는다. 타샤는 이따금 건포도를 120g 정도 더하기도 했다.
3. 여기에 밀가루, 소금, 베이킹소다, 시나몬가루, 퀵 롤드 오트를 넣는다. 가루가 보이지 않을 정도로만 가볍게 섞는다.
4. 숟가락으로 반죽을 떠서 베이킹 시트에 올리고 포크로 반죽을 살짝 누른다.
5. 8분간 또는 윗면이 노릇해질 때까지 굽는다.

Desserts

Pumpkin Pie

호박 파이

타샤는 호박 파이를 자주 만들지는 않았지만 한번 만들었다 하면 맛이 일품이었다. 타샤는 크기가 작고 껍질이 부드러워 베이킹용으로 적합한 호박, 특히 땅콩호박을 주로 사용했다. 호박은 늦은 봄에 서리가 내리지 않는 이상 잘 자랐다. 호박이 한창 크는 시기에 타샤는 날마다 어스름이 내리는 정원에 나가 호박을 살폈다. 보통 맨발이었는데, 발에 닿는 이슬이 유난히 차가운 날엔 서리에 약한 식물들을 천이나 바구니 또는 앞치마로 덮어주었다.

How to make

[8인분]

파이크러스트 재료: 체에 내린 중력분 125g, 쇼트닝 85g, 소금 3g, 얼음물 2큰술
파이 소 재료: 익힌 호박 1컵 반, 헤비크림 1컵 반, 달걀 2개, 시나몬가루 1작은술, 생강 1/2작은술, 설탕 150g, 소금 3g, 간 정향 약간

파이크러스트 만들기
1 밀가루와 소금을 섞은 뒤 쇼트닝을 넣고 완두콩만 하게 자른다.
2 물을 뿌려가며 잘 섞는다.
3 반죽을 공 모양으로 뭉친 뒤 밀가루를 얇게 펴 바른 조리대 위에서 밀대로 밀어준다.
4 반죽을 파이틀로 옮긴다.

파이 소 만들기
1 작은 호박을 5cm 정도로 깍둑썰기한다.
2 팬에 물을 1cm가 채 안 되게 채우고 호박의 껍질 부분이 위를 향하게 넣는다.
3 호박이 충분히 부드러워질 때까지 30-45분간 찐다.
4 호박을 살짝 식힌 다음 속을 긁어낸다.
5 긁어낸 호박을 나무 숟가락으로 눌러 체에 내린 뒤 나머지 재료들과 잘 섞는다.

파이크러스트 안에 소를 채우고 220°C에서 15분간 구운 뒤 180°C에서 45분 간 또는 포크로 파이 가운데를 찔렀을 때 반죽이 묻어나지 않을 정도까지 한 번 더 구워준다. 1-2시간 정도 식힌 다음 크림을 곁들여 낸다.

Desserts

Rice Pudding
라이스 푸딩

타샤는 쌀을 파란색 찬장 두 번째 칸에 타피오카, 갈색설탕, 슈거파우더, 건포도와 함께 보관해두었다. 건포도 상자 옆에는 보통 노란 건포도 상자와 커런트*, 건살구 등이 놓여 있었다. 라이스 푸딩은 겨울에만 해 먹는 음식이었다. 타샤는 라이스 푸딩에 건포도를 넣기도 했지만 자주 있는 일은 아니었다. 타샤가 저녁 식사 시간에 스토브 뒤쪽에서 라이스 푸딩을 불쑥 꺼내올 때면 마치 저절로 요리되는 음식처럼 보이기도 했다.

How to make

[6인분]

흰쌀 3/4컵, 우유 4컵, 물 1/2컵, 설탕 100g, 바닐라 익스트랙 4g, 소금 2g

1. 끓는 물에 쌀과 소금을 넣고 물이 흡수될 때까지 약 10분간 익힌다.
2. 여기에 우유와 설탕을 넣는다.
3. 중간 불에서 자주 저어가며 30분간 또는 걸쭉해질 때까지 끓인다. 너무 오래 익힌 라이스 푸딩은 식으면 금세 단단하게 굳어버린다. 크림처럼 부드러울 때 불을 끄면 딱 알맞다.
4. 바닐라 익스트랙을 넣고 저어준다.
5. 취향에 따라 너트메그나 시나몬가루, 휘핑크림을 약간 곁들인다.

* 즙이 많고 신맛이 나는 작고 빨간 열매

Desserts

Snow Ice Cream
눈 아이스크림

요즘에는 '아이스크림 온 스노 ice cream on snow', '스노 콘 snow cone'이라고 하는 이 아이스크림을 타샤는 '눈 아이스크림 snow ice cream'이라 불렀다. 타샤는 설탕이나 크림, 바닐라 익스트랙 대신 눈 위에 라즈베리 주스를 붓기도 했다. 눈 아이스크림은 겨울에만 먹을 수 있는 음식이었는데, 겨울은 또한 눈 랜턴, 눈 말, 스노슈잉*, 스키, 눈보라의 계절이기도 했다. 눈 랜턴은 촛불 주위에 원뿔 모양으로 눈을 쌓아 올린 것이며, 눈 말은 눈을 뭉쳐 아이들이 올라탈 수 있는 크기의 말 한 마리 또는 한 떼를 만드는 것이다.

How to make

[1인분]

깨끗한 눈 1그릇, 설탕 40g, 헤비크림 1/2컵, 바닐라 익스트랙 2g

1 중간 크기의 믹싱볼에 크림, 설탕, 바닐라 익스트랙을 넣고 잘 섞는다.
2 방금 내린 깨끗한 눈을 떠서 다른 볼에 담는다.
3 섞은 재료들을 눈 위에 부어 바로 먹는다.

* snowshoeing, 눈 위에서 신을 수 있도록 만들어진 스노슈 snowshoe를 신고 걷거나 노는 활동

Desserts

Speckled Cookies
스페클드 쿠키

오랫동안 우리 집안에서 가장 즐겨 먹었던 쿠키로, 타샤는 이것을 스페클드 쿠키라고 불렀다. 스페클드 쿠키는 펜실베이니아식 향신료 쿠키를 타샤만의 방식으로 만든 것이다. 타샤는 본채로 통하는 문 맞은편에 있는 부엌 찬장에 유리병을 두고 언제나 쿠키를 채워두었다. 샌드위치 쿠키를 만들려면 초콜릿 칩을 녹인 뒤 두 개의 스페클드 쿠키 사이에 발라주면 된다. 이 일은 주로 손님들 몫이었다. 타샤는 식탁 끄트머리에 앉은 손님들 앞에 초콜릿이 담긴 냄비와 스페클드 쿠키, 숟가락, 유산지를 놓아주고는 그들과 끊임없이 이야기를 나누며 차나 식사를 준비하곤 했다.

How to make

[약 42개분]

중력분 625g, 버터 450g, 우유 2-3큰술, 베이킹소다 2.5g, 달걀 2개, 설탕 400g,
시나몬가루 1-2작은술, 정향 약간, 소금 약간

1 볼에 우유를 붓고 베이킹소다를 넣어서 녹인다.
2 여기에 나머지 재료를 모두 넣고 손으로 잘 섞어준다.
3 반죽을 2시간 정도 냉장고에 보관한다.
4 오븐을 180°C로 예열한다.
5 냉장고에서 꺼낸 반죽을 0.5cm 이하로 얇게 밀어 쿠키 커터로 찍어낸다. 지름 5cm 커터를 기준으로 36-48개의 쿠키가 나온다.
6 오븐에 넣고 8-10분간 굽는다.

Desserts

Quick Yellow Cake

퀵 옐로 케이크

옐로 케이크*와 화이트 케이크**의 중간쯤 되는 케이크로 케이크를 구울 시간이 충분치 않을 때 주로 만들던 것이다. 타샤는 보통 밑판이 분리되는 팬을 사용해 케이크 시트를 구웠다. 그러나 이 레시피에서는 밑판을 빼지 않고 그대로 두었는데, 갓 구운 케이크 시트에 바로 아이싱을 해서 따끈한 상태 그대로 접시에 옮기기 위해서였던 것 같다. 타샤는 시트가 다 식기 전에 아이싱을 끝내곤 했다. 덕분에 이 케이크는 살짝 녹은 초콜릿 아이싱과 따뜻한 바닐라 푸딩 같은 식감이 특징이다. 정말 시간이 부족할 때면 타샤는 윗면에만 두껍게 아이싱을 했다.

How to make

[약 25cm 케이크, 12인분]

케이크 시트 재료: 중력분 435g, 베이킹파우더 8g, 버터 230g, 달걀 4개, 바닐라 익스트랙 4g, 우유 1컵, 설탕 400g, 소금 3g

초콜릿 아이싱 재료: 녹인 버터 85g, 슈거파우더 335g, 베이킹용 코코아가루 60g, 우유 1/3컵, 바닐라 익스트랙 4g

1. 오븐을 180°C로 예열한다.
2. 큰 볼에 밀가루, 베이킹파우더, 소금을 넣고 섞는다.
3. 여기에 우유, 바닐라 익스트랙, 버터, 설탕, 달걀을 넣고 덩어리지는 부분이 없도록 잘 섞는다.
4. 지름 약 25cm 크기의 원형 케이크팬 2개에 기름을 칠하고 반죽을 나누어 붓는다.
5. 25-30분간 또는 이쑤시개로 가운데를 찔렀을 때 반죽이 묻어나지 않을 정도까지 굽는다.
6. 아이싱 재료를 모두 볼에 넣고 잘 섞은 뒤 케이크 시트에 고루 발라준다.

* 달걀흰자와 노른자를 모두 사용해 노란색을 띠는 케이크
** 달걀흰자를 사용해 흰색을 띠는 케이크

VII

Beverages

음료

Beverages

Tea

차

매일 오후 타샤는 찻주전자, 크림 그릇, 설탕 그릇, 잔과 잔 받침들을 꺼내고 찻물을 끓였다. 손님이 서너 명 이상일 때는 찻주전자를 하나 더 꺼냈고 크래커나 쿠키 접시도 몇 개 더 내놓았다. 사람들이 모두 자리에 앉으면 타샤는 밀랍 초에 불을 붙였다. 차를 따르고, 손님의 취향을 물어 우유와 설탕을 챙긴 다음 자리에 앉았다. 등받이에 검은색 울 담요가 걸려 있고 파란색 체크무늬 쿠션이 놓인 흔들의자가 타샤의 자리였다. 타샤는 손잡이가 없는 잔에 차를 담아 양손을 녹이곤 했다. 겨울철 장작 난로 가에 둘러앉아 티타임을 가지면 무척 아늑했다. 가까운 사람들과 있을 때면 타샤는 난로 망에 발을 걸치기도 했다. 타닥타닥 하는 개들의 발소리, 카나리아의 노랫소리, 30분마다 울리는 커다란 괘종시계 종소리, 고양이가 가르랑대는 소리, 주전자에서 물이 끓는 소리, 구리 촛대에 놓인 촛불의 은은한 반짝임, 말린 허브와 갓 구운 빵 또는 쿠키 냄새가 집 안을 가득 채웠다. 타샤는 이 시간에 편지를 자주 썼으며, 의자 옆 작은 테이블에는 언제나 드로잉 연필 몇 자루와 지우개가 놓여 있었다. 어쩌다 지우개가 바닥에 떨어지면 개들이 이빨로 씹으며 놀곤 했다.

How to make

[4-6인분]

1. 찻주전자에 뜨거운 물을 채운다. 다른 주전자에 깨끗한 찬물을 담아 팔팔 끓인다.
2. 찻주전자에 채워두었던 뜨거운 물을 따라 버리고 한 잔당 1작은술로 계산해 찻잎을 넣는다. 여분으로 1작은술을 더 넣어준다.
3. 찻잎을 넣은 찻주전자에 끓는 물을 붓고 3-5분간 우린다.
4. 한 번 저어준 뒤 찻잎이 가라앉을 때까지 잠시 기다린다.
5. 차의 농도를 조절하고 싶다면 우리는 시간이 아닌 찻잎의 양을 조절하도록 한다.

Beverages
Hot Cider
사과차

늦여름을 제외한 1년 내내 사과 압착기는 장작 헛간 안에 놓여 있었다. 헛간 옆문이 남쪽에서 불어오는 바람에 자주 흔들렸기 때문에 타샤는 문고리에 끈을 달아 사과 압착기에 묶어두었다. 사과 철이 아닐 때도 유용하게 써먹은 셈이다. 사과 압착기를 사용하는 것은 일종의 연례행사였다. 특히 아이들은 자기가 모아 온 사과가 착즙되는 모습을 보며 즐거워했다. 가장 신나는 순간은 컵에 즙이 담기는 때다. 사과 30L에서 약 11L의 사과즙이 나온다. 타샤는 이따금 껍질과 씨를 제거해 즙을 냈는데, 그러면 더 부드럽고 맛있었다.

타샤는 정원에 있는 사과나무가 열매를 충분히 맺지 못하면 근처 과수원을 찾아가 사과를 얻어 왔다. 30L 들이 바구니 몇 개에 사과를 가득 채워 자동차 트렁크와 뒷좌석에 실었다. 타샤가 평생 동안 소유했던 차는 그리 많지 않았다. 그렇다고 운전을 자주 하지 않았다는 말은 아니다. 1960년대부터 몰았던 랜드로버는 고장이 잦았고, 그 뒤로 초록색의 작은 토요타 픽업트럭, 초록색 볼보 세단을 차례로 몰았다.

타샤는 염소젖 짜는 곳에 사과를 보관해두곤 했다. 사과차는 주로 추수감사절이나 크리스마스 때 만들어 먹었다.

How to make

[8인분]

사과즙 2L, 시나몬스틱 2개, 정향 1작은술, 간 너트메그 약간, 올스파이스* 2알

1 큰 냄비에 재료를 모두 넣고 끓기 직전 온도로 10분간 뭉근히 데운다.
2 체로 향신료를 걸러낸 뒤 잔에 담는다.

• 올스파이스나무의 어린 열매를 건조시킨 향신료. 약간 매운맛이 나며, 후추·시나몬·정향·너트메그를 섞은 듯한 향기가 나서 올스파이스라는 이름이 붙었다.

Beverages

Hot Lemon Tea

레몬차

타샤는 목이 아플 때 레몬차를 마셨다. 타샤의 부엌에는 자몽과 오렌지가 늘 떨어지지 않았고 레몬과 라임 역시 대여섯 개씩은 있었다. 이러한 과일은 비닐봉지에 밀봉해 냉장고에 넣어두면 몇 주간은 신선하게 보관할 수 있다. 그리고 생선 요리를 할 때, 디저트나 차를 만들 때 꺼내 사용하곤 했다. 가끔씩 냉장고에 넣어두었다가 깜빡해 다 시들어버린 레몬을 발견할 때가 있었는데, 타샤는 그것을 4등분해서 얼린 뒤 음료를 만들 때 꺼내 쓰곤 했다.

How to make

[1인분]
물 1컵, 꿀 1-2작은술, 갓 짠 레몬즙 1큰술

1. 물을 끓어오르기 직전까지 데운다.
2. 꿀과 레몬즙을 넣고 저어준다.

Orange Juice
오렌지 주스

매일 아침 타샤는 오렌지 1개를 반으로 잘라 오래된 유리 착즙기로 즙을 냈다. 1분도 채 걸리지 않는 작업이지만 타샤는 갓 짜낸 주스야말로 어떤 것과도 비교할 수 없는 맛이라고 말했다. 때때로 타샤는 주스를 곧바로 다 마시지 않고 그림을 그리는 동안 붓 옆에 놓아두곤 했다. 타샤는 주기적으로 오렌지와 자몽을 주문했다. 매달 1일이 되면 우체부가 오렌지와 자몽이 든 커다란 상자를 들고 와 타샤 집 진입로 끝에 있는 별채에 놓고 갔다. 당시에는 800m에 달하는 진입로가 하나도 경작되어 있지 않았다. 타샤는 상자를 부엌 뒤 계단참에 보관해두었다. 한 달이 지나면 상자는 바닥을 드러내기 마련이었다.

How to make

[1인분]
오렌지 1개

1. 껍질을 까지 않은 오렌지를 조리대 위에 놓고 손바닥으로 단단히 잡는다.
2. 가운데를 잘 맞춰 자른다.
3. 스퀴저 혹은 착즙기로 양쪽 모두 즙을 짠다.
4. 맑은 주스를 원하면 체에 한 번 걸러주고 과육이 씹히는 주스가 좋으면 그대로 잔에 담는다.

Beverages

Root Beer

루트비어*

1년에 한 번 따뜻하고 해가 잘 드는 여름날 타샤는 갈색 유리병을 한 상자 가득 모아 집 앞 베란다에서 루트비어를 만들었다. 혼자서 하기 쉽지 않은 일이었고 꽤 많은 준비가 필요한 작업이었다. 타샤의 레시피대로 만드는 루트비어는 시중에 파는 제품과 맛이 다르며, 만들 때마다 발효 과정의 차이에 따라 맛이 조금씩 달라질 수 있다. 레시피를 충분히 숙지한 뒤 시작해야 하는 음료다.

How to make

[16인분]

물 4L, 맥주 효모 1/4작은술, 간 너트메그 1/2작은술, 올스파이스 10알 으깬 것, 감초 뿌리 2큰술,
정향 6개 으깬 것, 윈터그린잎 1큰술, 시나몬스틱 2개, 바닐라빈 2개, 레몬즙 1큰술,
당밀 1/4컵, 갈색설탕 200g

1. 물 1/4컵을 끓인 다음 32℃까지 식힌다.
2. 식힌 물에 맥주 효모를 넣고 저은 뒤 10-15분간 그대로 둔다.
3. 큰 냄비에 물, 감초 뿌리, 정향, 시나몬스틱, 바닐라빈, 너트메그, 올스파이스, 레몬즙, 윈터그린잎을 넣고 끓인 뒤 불을 낮춰 20분 더 뭉근히 끓인다.
4. 여기에 당밀과 설탕을 넣고 저으며 10분간 뭉근히 끓인다.
5. 끓인 것을 24℃까지 식힌 뒤 면포로 향신료를 걸러낸다.
6. 여기에 효모를 녹인 물을 붓고 저은 뒤 곧바로 병에 담는다. 이때 병 위쪽에 공간을 5cm 정도 비워둔다.
7. 뚜껑을 닫은 뒤 약 20℃쯤 되는 따뜻한 곳에 2-4일간 눕혀두고 탄산화시킨다.
8. 이후에는 냉장고에 보관해 탄산화를 늦춘다. 지나치게 발효되면 압력이 높아져 병이 폭발할 수도 있으니 계속 냉장고에 넣어두고 1-2주 안에 마시도록 한다.

* 식물 뿌리로 만드는 갈색 빛깔의 탄산음료

Beverages

Rose Hip Tea

로즈힙*차

타샤는 로즈힙이 열리는 초가을에 이 차를 즐겨 마셨다. 타샤의 정원에는 수십 종의 장미가 자랐는데, 가을의 문턱에 이르면 노란색, 주황색, 밝은 빨간색에 이르기까지 색색의 열매를 맺었다. 타샤는 단단하고 큼직하며 밝은색을 띠는 열매를 골라서 땄다. 해당화 열매가 이 조건에 딱 들어맞았다. 타샤는 로즈힙 열매를 길쭉하게 반으로 자른 뒤 씨를 발라내 퇴비 더미에 버렸다. 타샤는 먼저 큼지막한 찻주전자에 뜨거운 물을 부어 데운 다음 물을 버리고, 로즈힙을 넣고, 다시 끓는 물을 채웠다. 로즈힙차는 맛이 부드럽고 감미로우며 비타민C가 풍부하다. 그리고 생 로즈힙으로 만들 때 가장 맛이 좋다.

How to make

[4-6인분]

로즈힙 1/4컵, 물 1L

1. 로즈힙에 끓는 물을 부어 10-20분간 우린다.
2. 로즈힙을 따로 걸러내지 않고 주전자에 그대로 둔다. 원한다면 로즈힙을 작은 체로 거른 뒤 잔에 따라 마신다.

* 장미 열매

Beverages
Stillwater Tea
스틸워터 티

타샤만의 특별한 음료 중 하나다. 타샤는 늦봄부터 늦여름까지, 특히 1년 중 가장 더운 7-8월에 스틸워터 티를 자주 만들었다. 진홍색 식탁보가 깔린 현관 앞 테이블에는 빨대형 숟가락, 시럽, 쿠키 접시 그리고 꽃병이 놓여 있었다.

How to make

[14-20인분]

오렌지 6개, 레몬 6개, 라임 6개, 홍차잎 5큰술, 진저에일 1L, 깨끗한 찬물 1L, 물 1/4컵, 설탕 200g

1. 물 1/4컵에 설탕을 넣고 끓인다. 물이 끓어오르면 불을 낮추고 설탕이 완전히 녹을 때까지 뭉근히 데워 시럽을 만든다.
2. 시럽을 식힌 뒤 뚜껑이 있는 유리병에 담아둔다. 냉장고에 넣으면 결정이 생기므로 실온에 둔다.
3. 주전자에 끓는 물 1L와 홍차잎 5큰술을 넣고 5분간 우린 뒤 한 번 저어준다.
4. 홍차잎 우린 물을 체에 걸러 다른 주전자에 부은 뒤 시원한 곳에 둔다. 차가 탁해질 수 있으므로 냉장고에는 넣지 않는다.
5. 오렌지, 레몬, 라임의 즙을 짠다.
6. 각자 마시려면 큰 유리잔에 과일즙을 담고 차를 절반까지 부은 다음 나머지는 진저에일로 채운다. 얼음도 2개씩 넣는다.
7. 입맛에 맞게 시럽을 더한다.
8. 민트 이파리로 장식한다.

찾아보기

ㄱ
감자 • 43, 57, 61, 69, 73, 89
감자 케이크 • 43
감초 뿌리 • 169
강낭콩 • 55, 59, 103
건포도 • 19, 21, 47, 105, 131, 147, 151
검은콩 • 59
겨자 • 55, 111
고춧가루 • 107
골파 • 95
구운 감자 • 57
구운 사과 • 131
구운 커스터드 • 143
그리들 • 49
그린빈 • 103
꿀 • 165

ㄴ
너트메그 • 131, 143, 151, 163, 169
눈 아이스크림 • 153
늙은 호박 수프 • 99

ㄷ
당근 • 61, 65, 69, 71, 75, 83, 91, 105, 107
당근 샐러드 • 105
당근 수프 • 65
당근과 닭고기를 곁들인 밥 • 83
당밀 • 19, 55, 141, 169
딜 • 73, 119
딸기 잼 • 25, 95
땅콩버터 • 95

땅콩호박 • 99, 149
떡호박 • 99

ㄹ
라이스밀 • 47
라이스 푸딩 • 151
라임 • 173
라즈베리 잼 • 25, 95
레몬 • 119, 165, 173
레몬즙 • 53, 65, 105, 107, 119, 165, 169, 173
레몬차 • 165
렌틸콩 수프 • 75
로스트 비프와 크림소스 • 85
로스트 치킨 • 87
로즈메리 • 89
로즈힙차 • 171
루콜라 • 111
루트비어 • 169
리마빈 • 103
리츠 크래커 • 73, 77
리크 • 99

ㅁ
마시멜로 플러프 • 95
마요네즈 • 95, 105, 117
마저럼 • 121
메이플 시럽 • 25, 37, 39, 111
미트 로프 • 79
미트볼 • 79
민트 • 173
밀 빵 • 31, 45, 85

ㅂ
바나나 • 15, 109
바나나 빵 • 15
바닐라빈 • 169
바닐라 아이스크림 • 35, 139, 145
바질 • 71, 75, 81, 97
발사믹 식초 • 75, 107
배와 루콜라 샐러드 • 111
버터밀크 • 19, 135
베이크드 빈스 • 55
베이킹파우더 비스킷 • 13
벨비타 치즈 • 77
본인햄 뼈 • 91
부용 • 61, 97
브라우니 • 133
브랜 머핀 • 19
브랜 플레이크 • 19
브로콜리 • 63, 73, 83, 85
블루베리 머핀 • 17
비네그레트소스 • 53, 111
비프 스톡 • 79
비프스튜 • 61
비프 파이 • 69

ㅅ
사과 • 35, 47, 49, 107, 125, 127, 129, 131, 163
사과 덤플링 • 35
사과소스 • 43, 49, 127, 129
사과소스 케이크 • 129
사과즙 • 163
사과차 • 163
사과 코러 • 131
사과 파이 • 35, 120, 125

• 174 •

사과 필러 • 131
사워크림 • 57, 65
생강 • 65, 99, 141, 149
샬럿 케이크 • 135
세이지 • 87, 121
셀러리 • 59, 61, 75, 91, 97, 121
셀러리 소금 • 103
소고기 • 61, 69, 75, 79, 85
소금 크래커 • 29
소시지 • 55, 75
소용돌이 수란 • 45
순무 • 61
스터핑 • 93, 121
스튜드 토마토 • 75, 81
스틸워터 티 • 173
스틸컷 오트 • 27, 39
스페클드 쿠키 • 155
시금치 • 75
시나몬가루 • 17, 21, 35, 47, 125,
129, 131, 141, 147,
149, 151, 155
시나몬 건포도 빵 • 21
시나몬 설탕 • 21
시나몬스틱 • 163, 169

ㅇ
아스파라거스 줄기 • 53
얇은 빵 샌드위치 • 95
에그누들 • 71
연어 • 89, 119
열 반사 오븐 • 87, 93, 121
염소젖 • 39
오레가노 • 75
오렌지 • 109, 167, 173
오렌지와 바나나 • 109
오렌지 주스 • 167
오믈렛 • 41
오이 • 95
오트밀 • 39

오트밀 빵 • 27
오트밀 쿠키 • 147
옥수수 빵 • 25
올드-패션드 롤드 오트 • 27
올스파이스 • 163, 169
와플 • 49
왁스빈 • 103
완두 짜개 수프 • 91
월계수잎 • 61, 71, 75, 87
윈터그린잎 • 169
이중냄비 • 61, 97, 139

ㅈ
정향 • 97, 129, 149, 155, 163, 169
진저브레드 • 141
진저에일 • 173

ㅊ
차 • 161
차이브 • 95
채소 스톡 • 65, 99
체더치즈 • 67, 77, 81, 111, 117
초콜릿 칩 쿠키 • 137
초콜릿 푸딩 • 139
치즈를 얹은 마카로니 • 77, 115
치즈소스를 얹은 콜리플라워 • 67
치킨 누들 수프 • 71
치킨 스톡 • 65, 71, 75, 99, 121
치킨 파이 • 69
칠면조 구이 • 93, 121

ㅋ
케일 샐러드 • 107
코코아가루 • 133, 135, 139, 157
콩 샐러드 • 103
콩 스튜 • 59
퀵 롤드 오트 • 79, 147
퀵 옐로 케이크 • 157
크랜베리 • 107

크림 오브 휘트 • 37
크림소스 • 69, 85, 115
크림치즈 • 95
클로버 롤 • 23

ㅌ
타라곤 • 71, 87
타임 • 61, 71, 79, 121
토마토 • 65, 75, 81, 97
토마토를 곁들인 밥 • 81
토마토 수프 • 97
토마토 페이스트 • 97

ㅍ
파르메산 치즈 • 77, 79
파스닙 • 61
파슬리 • 61, 71, 119, 121
파슬리 버터 • 89, 119
팬케이크 • 49
페이스트리 • 120, 125
피망 • 61
피멘토 • 103
피시 앤드 포테이토 • 73

ㅎ
햄 스프레드 • 29, 95, 117
헤비크림 • 71, 131, 139, 145,
149, 153
호두 • 107
호박 파이 • 149
홀랜다이즈소스 • 53
휘핑크림 • 109, 151

옮긴이
서지희

한국외국어대학교를 졸업했으며 다양한 분야의 책을 번역해왔다. 라퀴진 푸드코디네이터 아카데미를 수료하고 한식·양식조리사자격증을 취득했으며 잡지사 음식문화팀 객원기자로 일했다. 현재 번역에이전시 엔터스코리아에서 출판기획자 및 전문번역가로 활동하고 있다. 옮긴 책으로는 『180일의 엘불리』, 『내 아이의 IQ를 높여주는 브레인 푸드』, 『부엌 도구 도감』, 『내추럴 와인』 등 다수가 있다.

타샤가 사랑한 요리

1판 1쇄 펴낸 날 2019년 7월 10일

지은이 | 윈즐로 튜더
옮긴이 | 서지희

편   집 | 안희주
경영지원 | 이현경

펴낸이 | 박경란
펴낸곳 | 심플라이프
등록 | 제2011-000219호(2011년 8월 8일)
주소 | 경기도 파주시 광인사길 88 3층 302호 (문발동)
전화 | 031-941-3887, 3880
팩스 | 031-941-3667
이메일 | simplebooks@naver.com
블로그 | http://simplebooks.blog.me

ISBN 979-11-86757-44-4 13590

- 저작권법에 의해 보호를 받는 저작물이므로 무단전재와 복제를 금합니다.
- 이 책의 일부 또는 전부를 이용하려면 저작권자와 심플라이프의 동의를 받아야 합니다.
- 책값은 뒤표지에 있습니다. 잘못된 책은 구입하신 곳에서 바꾸어 드립니다.

- 이 도서의 국립중앙도서관 출판시도서목록(CIP)은 서지정보유통지원시스템 홈페이지(http://seoji.nl.go.kr)와 국가자료공동목록시스템(http://www.nl.go.kr/kolisnet)에서 이용하실 수 있습니다.(CIP제어번호: 2019023255)